《中国家庭基本藏书》

荣 获

新闻出版总署优秀畅销书奖
全国优秀古籍图书普及读物奖
第十七届山西省优秀图书一等奖
第二届山西出版政府奖
山西出版集团2008年度十种好书

全套藏书累计销售500万册

中国家庭基本藏书（修订版）

诸子百家卷

《诗经》《尚书》《礼记》《楚辞》《论语·大学·中庸》《孟子》《老子》《庄子》《荀子》《韩非子》《孙子兵法·尉缭子·鬼谷子》《墨子》《周易》《山海经》《吕氏春秋》《三十六计》

名家选集卷

《三曹诗集》《陶渊明集》《王勃集》《王维集》《孟浩然集》《高适集》《岑参集》《李白集》《杜甫集》《白居易集》《刘禹锡集》《元稹集》《李商隐集》《李贺集》《杜牧集》《韩愈集》《柳宗元集》《李煜集》《欧阳修集》《王安石集》《苏轼集》《黄庭坚集》《柳永集》《秦观集》《周邦彦集》《李清照集》《辛弃疾集》《陆游集》《范成大集》《杨万里集》《姜夔集》《文天祥集》《元好问集》《唐寅集》《张岱集》《三袁集》《李贽集》《傅山集》《纳兰性德集》《袁枚集》《郑板桥集》《龚自珍集》

史著选集卷

《左传》《国语》《战国策》《史记》《汉书》《后汉书》《三国志》《资治通鉴》

综合选集卷

《唐诗三百首》《宋词三百首》《元曲三百首》《千家诗》《古文观止》《汉魏六朝小赋骈文选》《唐宋八大家文选》《明清小品文选》

笔记杂著卷

《蒙学六种——三字经·百家姓·千字文·增广贤文·幼学琼林·格言联璧》《颜氏家训·朱子家训》《世说新语》《金刚经·坛经·心经·地藏经》《曾国藩家书》《菜根谭·小窗幽记·幽梦影》《浮生六记》《闲情偶寄》《近思录》《徐霞客游记》《古代书信精选》

戏曲小说卷

《元杂剧精选》《西厢记》《牡丹亭》《长生殿》《桃花扇》《今古奇观》《三国演义》《水浒传》《西游记》《红楼梦》《聊斋志异》《儒林外史》《封神演义》《话本小说选》《文言小说选》

汉魏六朝小赋骈文选

中国家庭基本藏书 综合选集卷

康金声 注析

山西出版集团
三晋出版社

博学工作室

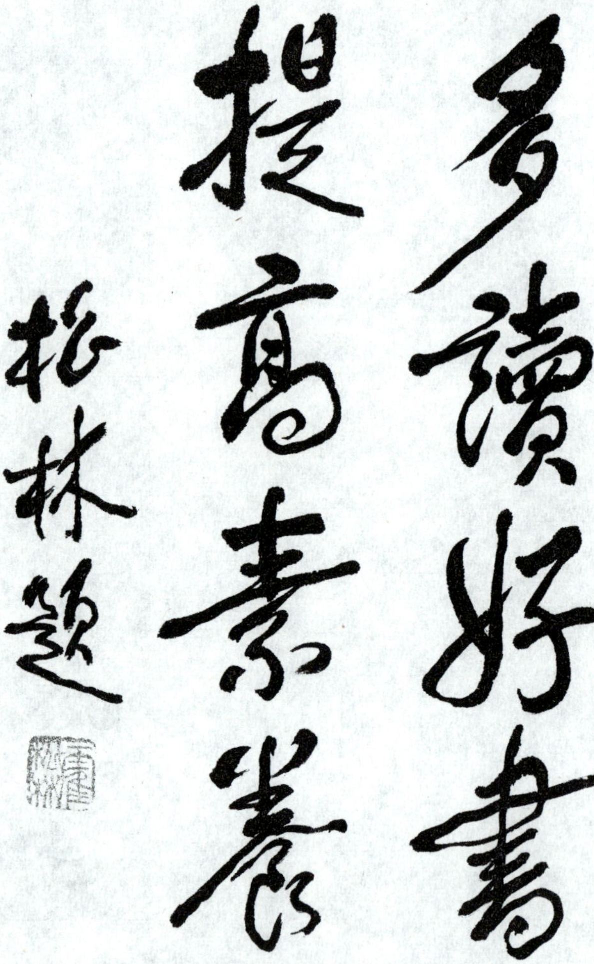

·陕西师范大学霍松林教授为《中国家庭基本藏书》题词

前言

放在您面前的这本小书，叫《汉魏六朝小赋骈文选》。为了帮助读者理解该书的编写缘由，笔者想说点儿文学史知识。骈文的“骈”是“成双成对”的意思，此指语言中的俪词，假如一篇文章全部由（或基本上由）这种俪词组成，它就是骈文了。可见，骈文不是一种文学体裁，它是从语言的或整或散与或双或单的角度观照文章特点的一个词语。由于古代骈文是在东汉时成型的，而赋体文学作品的语言又多俪词，尤其是东汉中期以后出现的抒情小赋中俪词更多，所以就叫了这么一个书名。实际上，骈赋是包含在骈文中的一种文体。古代骈文虽在东汉时才成立，但在其前的先秦经籍、诸子著述和楚辞汉赋中已经有不少俪句了，这正显示了骈文的发展。两汉是辞赋体文章的黄金时代，为了凸显骈文与辞赋的这种联系，同时也为了编写文章的方便，本书就叫做《汉魏六朝小赋骈文选》了。

以上讲了该书所以命名的原因，以下说说骈文的发展历程吧！按照姜书阁先生的说法，骈文“兴起于东汉之初，始成于建安之际，变化于南齐永明之世沈约等人的文章声病之论，完成于梁、陈、北齐、北周，而以徐陵、庾信所作为能造其极。自隋以至初唐，沿袭未改，其势渐衰”（《骈文史论》第15页）。他这里说的大都好懂，只是“变化于”之后的文字，需要作些解释。南齐，是南朝的萧齐；永明，是齐武帝萧赜的年号（483—493），其时，沈约、王融、谢朓等人为使诗赋的语言更优美，提出了“四声八病”之说。四声即汉字的平、上、去、入四种声调，八病是“平头、上尾”等诗文声律上的毛病。由于骈文不仅讲求对偶，还讲究用典和声韵，因而沈约等人的功绩被姜先生注意并论述到了。

骈文在魏晋南北朝有了很大的发展，直到中唐时期，韩愈倡导古文，还有人讲“文起八代之衰”，认为韩愈文章是“衰落”之后的“复兴”。但就在此时的陆贽，把奏议文的骈俪发展到一个新的高度，形成了所谓的“公牍骈文”，这就算是骈文的第一次变革吧。它的第二次变革始自晚唐的李商隐，他融合了徐陵、庾信骈文和陆贽骈文的长处，适应社会动乱、世情险恶、言词必须隐晦的时代要求，形成如他的骈文集《四六甲乙集》这样新的骈体应世之文，从晚唐历五代直到北宋初期的“西昆派”都是这种文章的天下。宋兴七八十年以后，欧阳修、王安石、苏轼等人掀起了第二次古文运动，以古文学家写古文的手法写出了清空质直、不用典故、摒绝华彩的白描骈文，称为“宋四六”。这可以看作是骈文发展史上的第三次变革吧。到了元代，骈文大大衰落。明清的“八股文”源于“四六”，是骈文的别支，也是骈文的末流。

在改革开放的新时代，我们研读骈文（小赋实际上是骈文的一体）的目的，主要是学习它语言骈俪的艺术技巧，但愿大家能批判地继承。

本书是应三晋出版社之邀作为《中国家庭基本藏书·综合选集卷》之一种而编写的。张继红、落馥香、康宏诸人为此书的编写出力颇多，特致谢忱！

康金声

2008年6月

目录

综合选集卷

◎汉　魏

吊屈原赋

贾　谊

题解

贾谊(前201—前169)是西汉前期杰出的政治家、文学家。他对朝政多所建议,并总结了秦朝短命而亡的历史教训。文帝拟任公卿,由于绛侯周勃、颍阴侯灌婴之属的非毁,遭到疏斥,出为长沙王太傅。当他路过湘水时,想到了屈原的遭遇,就在湘水边以赋文吊之,是为本篇文字。

原文

恭承嘉惠兮[1],俟罪长沙[2]。侧闻屈原兮[3],自沉汨罗。造托湘流兮[4],敬吊先生;遭世罔极兮[5],乃殒厥身[6]。

呜呼哀哉!逢时不祥[7]。鸾凤伏窜兮[8],鸱枭翱翔[9]。阘茸尊显兮[10],谗谀得志;贤圣逆曳兮[11],方正倒植[12]。世谓随夷为溷兮[13],谓跖跻为廉[14];莫邪为钝兮[15],铅刀为铦[16]。吁嗟默默[17],生之无故兮[18]!斡弃周鼎[19],宝康瓠兮[20];腾驾罢牛[21],骖蹇驴兮[22];骥垂两耳,服盐车兮[23];章甫荐履,渐不可久兮[24]。嗟若先生,独离此咎兮[25]!

讯曰[26]:已矣[27]!国其莫我知兮,独壹郁其谁语[28]!凤漂漂其高逝兮[29],固自引而远去。袭九渊之神龙兮[30],沕深潜以自珍[31]。偭蟂獭以隐处兮[32],夫岂从虾与蛭螾[33]?所贵圣人之神德兮,远浊世而自藏[34]。使骐骥可得系而羁兮[35],岂云异夫犬羊?般纷纷其离此尤兮[36],亦夫子之故也[37]。历九州而相其君兮[38],何必怀此都也?凤凰翔于千仞兮[39],览德辉而下之。见细德之险征兮[40],遥曾击而去之[41]。彼寻常之污渎兮,岂能容夫吞舟之巨鱼?横江湖之鳣鲸兮,固将制于蝼蚁[42]。

注释

[1]嘉惠:美好的恩惠,指受诏出任长沙王太傅。

[2]俟罪:等待降罪,是做官的谦词。

[3]侧闻:从旁听说,谦词。

[4]造:到。

[5]罔极:无极,没有标准。

[6]殒:殁,死去。　厥:其。

[7]祥:好。

[8]鸾凤:传说中凤凰一类的鸟,古人以其为祥瑞之鸟。 伏窜:隐藏。

[9]鸱枭(chīxiāo):猫头鹰一类的鸟,古人认为是不祥之鸟。

[10]阘茸(tàróng):小门和小草,喻指小人。

[11]逆曳:被倒拉着走,谓不得行正道。

[12]倒植:倒置。

[13]随夷:卞随和伯夷,均为商代贤人。商汤欲以天下让卞随,卞随不受。伯夷则因反对武王伐纣,不食周粟而死。 溷(hùn):混浊,污浊。

[14]跖跻(zhíjuē):盗跖和庄跻,皆传说中的古代大盗。盗跖为春秋时鲁国人,庄跻为战国时楚国人。

[15]莫邪:传为古代锋利的宝剑。

[16]铦(xiān):锋利。

[17]吁嗟:古代叹词 。 默默:不得意貌。

[18]生:先生的简称,指屈原。 无故:同"无辜",无差错,无罪责。

[19]斡(wò):旋转,此指扔掉。 周鼎:周代的传国宝。本为夏禹所铸,夏商周三代以为政权的象征。

[20]康瓠:破瓦壶。《诗经·小雅·宾之初筵》以"康"为"空",此盖移用之也。

[21]腾:乘。 罢(pí):通"疲"。

[22]骖:套在车上但离车辕较远的边马。 蹇(jiǎn):跛足。

[23]服:驾车。《战国策·楚策》记载骥服盐车上太行而遇伯乐的故事,系此二句所本。

[24]章甫:商代的一种礼帽。 荐:垫。 渐:浸渍,浸染,谓被汗湿透。 不可久:谓难以长期忍受。

[25]离:同"罹",遭受。 咎:灾祸。

[26]讯曰:同"谇曰"、"乱曰",系辞赋的总结性结束语。

[27]已矣:算了吧,拉倒吧。

[28]莫我知:"莫知我"的倒装,谓没有人了解自己。 壹郁:同"抑郁"。

[29]漂漂:同"飘飘",高飞之貌。 逝:远去,消失。

[30]袭:因袭;效仿。 九渊:深渊。

[31]沕(mì):潜藏之状。

[32]偭(miǎn):背。 蟂獭(xiāotà):均为水虫。句谓欲背离水虫而去隐居。

[33]蛭螾(zhìyǐn):水蛭和蚯蚓。

[34]自藏:自我保全。

[35]使:假使,如果。 系而羁:拴住并给套上笼头。

[36]离:通"罹",遭受,遭遇。

[37]夫子:指屈原。 故:通"辜",过错。

[38]相:观察 ,此指选择。

[39]仞:古代计量单位,一仞为七尺或八尺长。

[40]险征:危险的征兆。

[41]曾击:同"层击",高高地拍击翅膀。

[42]鳣鲸:指海洋中的大鱼。 蝼蚁:蝼蛄和蚂蚁,谓小昆虫。

新评

贾谊出任长沙王太傅,并不是一件光荣而令人欣喜的事情。此前,文帝已拟任他为公卿了，由于受到谗毁，皇帝疏斥了他，故而命其远适长沙。屈原自沉前作有《怀沙》一赋，即怀念长沙之义（见马茂元《楚辞选》第146页）。贾谊到长沙，路过湘水，感到自己与屈原命运相同，因作此赋吊祭，祭屈原实为自祭。此赋一开始就为屈原所处的环境作了详细的描述，谓那是一个是非颠倒的世界，正直的屈原不被冤枉是不可能的。随后的“讯曰”则批评了屈原固守深潜，怨怪他没有及时出走，因而招致横祸。实际上是说自己应该“远举”。查《汉书·贾谊传》，我们知道他并未远去，后死在梁怀王太傅任上。可见他的悲剧并不是因他没有认识到结果而造成，而是由于他没有及时采取措施形成的。可返回来说，即使贾谊及早采取行动，他又能远走到哪里呢？可见，封建文人一旦失志，其政治悲剧实在是难以避免、难以摆脱的。

鹏鸟赋

贾　谊

【题解】

贾谊被汉文帝赏识，欲擢拔他至三公之位，然旧大臣反对，文帝只好将他外放为长沙王太傅。贾谊到长沙后，某日，一只鹏鸟飞到家中，按照习俗，鹏鸟入室，象征主人将死。贾谊于是借鹏鸟之口，表述了自己对于宇宙人生的看法。该赋以道家思想看待人生，反映了西汉初年黄老思想占统治地位的社会现实。

【原文】

单阏之岁兮[1]，四月孟夏。庚子日斜兮[2]，鹏集予舍[3]。止于坐隅兮[4]，貌甚闲暇[5]。异物来萃兮[6]，私怪其故。发书占之兮[7]，谶言其度[8]，曰：“野鸟入室兮，主人将去。”请问于鹏兮：“予去何之[9]？吉乎告我，凶言其灾[10]。淹速之度兮[11]，语予其期[12]。”鹏乃叹息，举首奋翼[13]；口不能言，请对以臆[14]：

“万物变化兮，固无休息[15]。斡流而迁兮，或推而还[16]。形气转续兮，变化而嬗[17]。沕穆无穷兮，胡可胜言[18]！祸兮福所倚，福兮祸所伏[19]；忧喜聚门兮[20]，吉凶同域[21]。彼吴强大兮，夫差以败；越栖会稽兮，句践霸世[22]。斯游遂成兮，卒被五刑[23]。傅说胥靡兮，乃相武丁[24]。夫祸之与福兮，何异纠缠[25]；命不可说兮，孰知其极[26]！水激则旱兮[27]，矢激则远；万物回薄兮，振荡相转[28]。云蒸雨降兮，纠错相纷[29]；大钧播物兮，坱圠无垠[30]。天不可预虑兮，道不可预谋[31]；迟速有命兮，焉识其时！且夫天地为炉兮，造化为工[32]；阴阳为炭兮，万物为铜。合散消息兮，安有常则[33]？千变万化兮，未始有极[34]！忽然为人兮，何足控抟[35]；化为异物兮[36]，又何足患！小智自私兮[37]，贱彼贵我；达人大观兮[38]，物无不可。贪夫殉财兮，烈士殉名[39]。夸者死权兮，品庶每生[40]。怵迫之徒兮[41]，或趋西东[42]；大人不曲兮[43]，意变齐同。愚士系俗兮,窘若囚拘;至人遗物兮[44],独与道俱。众人惑惑兮[45],好恶积亿[46];真人恬漠兮[47],独与道息。释智遗形兮[48],超然自丧[49];寥廓忽荒兮[50],与道翱翔。乘流则逝兮,得坻则止[51];纵躯委命兮[52],不私与己。其生兮若浮,其死兮若休[53];淡乎若深渊之静,泛乎若不系之舟[54]。不以生故自宝兮[55],养空而浮[56];德人无累[57],知命不忧。细故蒂芥[58],何足以疑[59]!"

注释

[1]单阏(chányān)之岁:太岁年名,相当于干支纪年法的丁卯年,实为公元前173年,即汉文帝六年。

[2]庚子:四月里的一天。 日斜:太阳偏西,指天将晚时。

[3]鹏(fú):即今人所谓猫头鹰。民间以为不祥之物。 集:止。 予舍:我的屋子。

[4]坐隅(yú):座位之一角。

[5]闲暇:从容不惊貌。

[6]萃:止。

[7]发书占之:打开书占卜。

[8]谶(chèn):预示吉凶的话。 度:吉凶的限度。

[9]予去何之:我死后到哪里。

[10]言其灾:讲明灾祸的内容。

[11]淹速:迟速。

[12]期:期限。

[13]奋翼:展翅。

[14]臆:胸,指以胸中臆念为对。

[15]固:本来。

[16]斡(wó)流而迁:流转变迁。 推而还:推移回环。"还",同"环"。

[17]蟺(chán):蜕化。

[18]沕穆:精深微妙。 胜:尽。

[19]"祸兮"二句:语出《老子》,谓祸与福相互依存,相互转化。

[20]聚门:聚集于一门之内。

[21]同域:同在一地。

[22]"彼吴"四句:用春秋时吴国与越国争霸的事例说明成败、得失相互转化的道理。

[23]斯:李斯。 被五刑:受五刑。五刑,黥、劓、刖、笞、杀。李斯被腰斩,与受"五刑"相仿,故云。

[24]傅说(yuè):殷高宗之贤相。 胥靡:古代刑罚名,将犯人成串拴在一起,使其服役。 武丁:殷高宗名。

[25]纠纆:三股与两股的绳索。以绳索之绞合喻祸福相依。

[26]极:究竟。

[27]旱:同"悍",凶猛。

[28]回薄:回旋激荡。

[29]纠错:纠缠错杂。

[30]大钧:比喻大自然,即造化。钧,制陶用的转轮。 播物:化育万物。 坱圠(yǎngyà):无边无际。垠(yín):边际。

[31]预虑、预谋:预先谋虑。 道:规律。

[32]“天地”二句:出《庄子·大宗师》。

[33]合散:聚合与散开。　消息:消亡与生息。　安有:哪儿有。

[34]未始有极:不曾有终点。

[35]控抟(tuán):贪恋珍惜。

[36]异物:非人。指人死后变成的尸骸等异物,没有了知觉。

[37]小智:智慧浅小之人。

[38]达人:通达的人。

[39]殉:追求。

[40]每:贪。

[41]怵(xù)迫:诱迫。怵,通訹,利诱。迫于贫贱,为利益所引诱。语出《管子·心术上》。

[42]趋西东:四处奔走以追逐利益。

[43]大人:与天地同德之人。　不曲:不被屈服。

[44]至人遗物:拥有至德之人能超脱外物的牵累。

[45]惑惑:惑乱到了极点。

[46]好恶(wù)积亿:爱好和憎恶之物积累得很多。亿,多,满。

[47]真人:得天地至道之人。　恬漠:恬淡安静。

[48]释智遗形:停止思想,遗弃形体。

[49]自丧:忘记自身,与道同在。

[50]寥廓忽荒:面对深远开阔之境,精神恍惚。

[51]坻(chí):水中小岛。

[52]纵躯委命:纵放躯体,交给命运安排。

[53]生若浮,死若休:谓生死相同,无所区别。

[54]淡:安静。　泛:漂浮。

[55]不以生自宝:不因为活着就格外珍惜自身。

[56]养空而浮:涵养空虚之性而与道浮游。

[57]德人:不藏是非美恶之人。　无累:没有牵累。

[58]蒂芥(dìjiè):芥蒂,芒刺,喻极小的不愉快之事,指鹏鸟入室。

[59]疑:疑虑。

新评

该赋以道家思想解释宇宙人生,把生与死看得没有区别,因而不把鹏鸟入室放在心上,反映了西汉初年老庄思想在人生哲学方面居于上峰的状况。该赋的语言则多用骚句,这表现了汉赋脱胎于楚辞的情形,说明在西汉初年散体大赋形成之前,骚体仍是辞赋的主要表现形式。

哀秦二世赋

司马相如

题解

司马相如(前179—前118)是汉赋的代表作家,他的《子虚》、《上林》二赋深受汉武帝赏识。其人字长卿,成都人。汉景帝时曾为武骑常侍,病免。后游梁,为梁孝王宾客。及武帝赏爱,拜为郎。失官后回成都,与卓文君相爱,结为连理。在与汉武帝交往过程中,曾向武帝进言,接受秦二世而亡的历史教训,不要沉湎于田猎。本篇即是他进谏汉武帝的赋作 。

原文

登陂阤之长阪兮[1],坌入曾宫之嵯峨[2]。临曲江之㟁州兮[3],望南山之参差[4]。岩岩深山之谾谾兮[5],通谷豁乎谽谺[6]。汩淢靸以永逝兮[7],注平皋之广衍[8]。观众树之蓊薆兮[9],览竹林之榛榛[10]。东驰土山兮,北揭石濑[11]。弥节容与兮[12],历吊二世[13]。持身不谨兮[14],亡国失势;信谗不寤兮[15],宗庙灭绝[16]。乌乎!操行之不得[17],墓芜秽而不修兮[18],魂亡归而不食[19]。

注释

[1]陂阤(pōtuó):倾斜不平貌。 长阪(bǎn):大坡。

[2]坌(bèn)入:同入。 曾宫:同"层宫",高高的宫殿。 嵯峨:如山般高耸的样子。

[3]曲江:即曲江池,在今陕西西安市东南,秦时为宜春苑。 㟁(qí):曲岸。 州:同"洲"。

[4]参差:高低不平的样子。

[5]岩岩:高峻貌。 谾谾(hōng):幽深而空旷貌。

[6]通谷:深谷。 豁(huō):开阔。 谽谺(hānxiā):山谷空阔的样子。

[7]汩(gǔ)淢(yù):同为急流。 靸(sǎ):穿着鞋子走路,喻急流之腾跃。 永逝:永远逝去。

[8]注:流入。 皋(gāo):水边高地。 广衍:广大而低平之地。

[9]蓊薆(ài):茂盛之状。

[10]榛榛(zhēn):繁密的样子。

[11]揭:疾驰。 石濑:石上的急流。

[12]弥节:停鞭。 容与:缓步的样子,此谓逍遥自得。

[13]历吊:到吊唁之时。 二世:秦二世胡亥。

[14]不谨:不谨慎,不严肃认真。

[15]信谗:听信谗言。 不寤:不醒悟。寤,同"悟"。

[16]宗庙:指秦皇的祖庙。

[17]操行:操守、品行。 不得:不得当。

[18]墓芜秽:秦二世的坟墓上长满了杂草。

[19]亡归：无所归依。 不食：不能享用祭品。

新评

本赋先写秦二世墓的形势及杂草丛生的状貌，然后就此抒发感慨。这使作品的抒情有依据，也使前面的描写有了着落。作者规戒汉武帝接受历史教训，务要持身谨慎，以使国家长期强盛；不要听信谗言，以使祖庙永久光耀。文章虽然短小，但言之有物，在国家的政治生活中发挥了巨大作用。

长门赋

司马相如

题解

汉武帝刘彻幼年时，其姑母长公主抱置膝上，问娶妇事，彻曰："必得如阿娇姊者为妻，置之黄金屋中，不使人窥视。"刘彻即位后立阿娇为皇后，阿娇恃宠骄贵，十馀年而无子，又闻卫子夫得幸，颇妒，上穷究之，退居长门冷宫。陈皇后闻司马相如能文，遂厚遗之，使为赋感动武帝，即该篇。

原文

夫何一佳人兮[1]，步逍遥以自虞[2]，魂逾佚而不反兮[3]，形枯槁而独居[4]。言我朝往而暮来兮，饮食乐而忘人[5]。心慊移而不省故兮[6]，交得意而相亲[7]。

伊予志之慢愚兮[8]，怀贞悫之欢心[9]。愿赐问而自进兮[10]，得尚君之玉音[11]。奉虚言而望诚兮[12]，期城南之离宫[13]。修薄具而自设兮[14]，君曾不肯乎幸临[15]。廓独潜而专精兮[16]，天漂漂而疾风[17]。登兰台而遥望兮[18]，神怳怳而外淫[19]。浮云郁而四塞兮[20]，天窈窈而昼阴[21]。雷殷殷而响起兮[22]，声象君之车音。飘风回而起闺兮[23]，举帷幄之襜襜[24]。桂树交而相纷兮[25]，芳酷烈之訚訚[26]。孔雀集而相存兮[27]，玄猨啸而长吟[28]。翡翠胁翼而来萃兮[29]，鸾凤翔而北南。

心凭噫而不舒兮[30]，邪气壮而攻中[31]，下兰台而周览兮[32]，步从容于深宫。正殿块以造天兮[33]，郁并起而穹崇[34]。间徙倚于东厢兮[35]，观夫靡靡而无穷[36]。挤玉户以撼金铺兮[37]，声噌吰而似钟音[38]。

刻木兰以为榱兮[39]，饰文杏以为梁[40]。罗丰茸之游树兮[41]，离楼梧而相撑[42]，施瑰木之欂栌兮[43]，委参差以槺梁[44]。时仿佛以物类兮[45]，象积石之将将[46]。五色炫以相曜兮[47]，烂耀耀而成光[48]。致错石之瓴甓兮[49]，象玳瑁之文章[50]。张罗绮之幔帷兮[51]，垂楚组之连纲[52]。

抚柱楣以从容兮[53]，览曲台之央央[54]。白鹤噭以哀号兮[55]，孤雌跱于枯杨[56]。

日黄昏而望绝兮[57],怅独托于空堂[58]。悬明月以自照兮[59],徂清夜于洞房[60]。援雅琴以变调兮[61],奏愁思之不可长[62]。按流徵以却转兮[63],声幼眇而复扬[64]。贯历览其中操兮[65],意慷慨而自卬[66]。左右悲而垂泪兮[67],涕流离而从横[68]。舒息悒而增欷兮[69],蹝履起而彷徨[70]。揄长袂以自翳兮[71],数昔日之諐殃[72]。无面目之可显兮[73],遂颓思而就床[74]。抟芬若以为枕兮[75],席荃兰而茝香[76]。

忽寝寐而梦想兮[77],魄若君之在旁[78]。惕寤觉而无见兮[79],魂迋迋若有亡[80]。众鸡鸣而愁予兮[81],起视月之精光[82]。观众星之行列兮,毕昴出于东方[83]。望中庭之蔼蔼兮[84],若季秋之降霜[85]。夜曼曼其若岁兮[86],怀郁郁其不可再更[87]。澹偃蹇而待曙兮[88],荒亭亭而复明[89]。妾人窃自悲兮[90],究年岁而不敢忘[91]。

注释

[1]佳人:美人,指陈皇后阿娇。

[2]逍遥:从容貌。 自虞:自娱,虞同"娱",娱乐。

[3]逾佚:飞散,此言其精神怅然若失。 反:同"返",回归。

[4]枯槁:憔悴之貌。

[5]"言我"二句:系陈皇后的内心独白。言武帝既已许皇后"朝往而暮来",但一有饮食之乐就将人忘记了。"忘人"即有怨恨意。

[6]慊(qiàn)移:断念而移情。 省(xǐng)故:念旧人。

[7]得意:如意者。

[8]慢愚:迟钝。

[9]贞悫(què):忠诚。

[10]赐问:问候,系谦词。 进:接近。

[11]尚:听受。 玉音:珍贵的言词。

[12]奉:受。 虚言:空话。 望诚:愿望真诚。

[13]期:等待。 城南之离宫:指长门宫。

[14]修:备办。 薄具:简单的饮食。

[15]曾:竟。 幸临:光临,来到。

[16]廓:空寂。 独潜:独居。 专精:苦思。

[17]漂漂:迅速。 疾:快。

[18]兰台:台名。

[19]怳(huǎng):失魂落魄的样子。 外淫:向外发散。

[20]郁:聚集。 四塞:遮蔽了四面八方。

[21]窈窈:深远的样子。 昼阴:白天昏暗。

[22]殷殷:声音很大。

[23]飘风回:急风回旋。 闺:指内室。

[24]帷幄:帐幕。 襜襜(chān):飘动的样子。

[25]交:交错。 相纷:彼此纷乱。

[26]芳:香气。 訚訚(yín):香气浓厚的样子。

[27]相存:相互慰问。
[28]玄:黑。 吟:吼叫。
[29]翡翠:鸟名。 胁翼:收敛翅膀。 萃:聚集。
[30]凭噫:气满的样子。 不舒:不畅。
[31]中:内心。
[32]周览:四下察看。
[33]块:独立貌。 造天:上达高天。
[34]郁:密集之貌。 穹崇:高大。
[35]徙倚:徘徊。
[36]靡靡:(景物)细碎而美好的样子。
[37]金铺:金属的铺首。
[38]噌吰(chēnghóng):钟声。
[39]木兰:树木名。 榱(cuī):屋椽。
[40]文杏:木名。
[41]丰茸:繁密而优美。 游树:屋上浮柱。
[42]离楼:众木攒聚的样子。 梧:支架。
[43]瑰木:瑰奇的木料。 欂栌(bólú):斗拱。
[44]委:置。 棣梁:空梁。句谓置空梁 于斗拱之上。
[45]仿佛:大体像是。 以物类:用事物来比。
[46]积石:山名,古人认为黄河发源处。 将将:高大貌。
[47]炫:光明。 曜:照。
[48]烂:灿烂。 耀耀:明亮之貌。 光:光芒。
[49]致:细密。 瓴甓(língpì):砖。
[50]玳瑁:类似龟的一种爬行动物。甲壳光滑,可做装饰品。 文章:花纹。
[51]罗绮:彩绘的丝稠。 幔帷:帐幔。
[52]楚组:楚地所产的有花纹的丝带。 连纲:系帷帐的总丝带。
[53]楣:门楣,门框上的横木。 从容:缓步走貌。
[54]曲台:殿名,在未央宫之东。 央央:广阔貌。
[55]噭(jiào):同"叫"。 哀号(háo):悲哀地鸣叫。
[56]孤雌:失去配偶的雌鹤。 跱:蹲踞。
[57]望绝:希望断绝。
[58]怅:惆怅。 托:寄身。
[59]悬明月:月亮高悬于空中。
[60]徂(cù):往,消逝。 洞房:深邃的内室。
[61]援:引,取。 变调:改变音调。
[62]奏愁思:弹出心中的愁苦。 不可长:不能长久使人心态平衡。
[63]按流徵:停止流利的徵音。徵(zhǐ),五音之一,其他四音是宫、商、角、羽。 却转:退转,指转变成哀音。
[64]幼(yào)眇:细微。 扬:升高。
[65]历览:依曲调次序而观察。 中操:内心的情绪。
[66]慷慨:激昂。 卬:同"昂",昂扬。

[67]左右:指手下之人。

[68]涕:眼泪。　从横:即“纵横”。

[69]舒息悒:抒发叹息和忧郁。　增欷:徒增欷歔　。欷歔,抽泣。

[70]蹝(xǐ)履:拖着鞋子。

[71]揄(yú):扬起。　袂(mèi):袖。　自翳:自己障面。

[72]諐(qiān)殃:过失。諐,同“愆”,错误。

[73]“无面目”句:谓没脸再出宫。

[74]颓思:放弃心事。　就床:上床睡觉。

[75]抟(tuán):集中在一起。　芬若:香草名。

[76]席荃兰:以荃荪和木兰为席。　茝(chǎi):香草名。

[77]寝寐:睡着。

[78]魄:梦魂。

[79]惕:惊起。　寤:睡醒。

[80]迋迋(kuáng):忧愁恐惧的样子。　若有亡:若有所失。

[81]愁予:使我忧愁。

[82]精光:明亮之光。

[83]毕昴(máo):二十八宿中的两颗星。

[84]中庭:庭院之内。　蔼蔼:黯淡之貌。

[85]若季秋:好像晚秋。

[86]曼曼:漫长。　若岁:像一年那么长。

[87]郁郁:忧郁之貌。　更:经历,此处意为忍受。

[88]澹:平静。　偃蹇:独立。　待曙:等待天亮。

[89]荒:欲明的样子。　亭亭:光明貌。

[90]妾人:妾,封建社会女子自称之词。

[91]究年岁:一年到头。　不敢忘:不敢忘怀君王。

新评

《长门赋》是司马相如的名作,它的最大成就是塑造了一个弃妇的形象,该弃妇把一切过失全揽在自己的身上,不断地责数自己的“愆殃”。这既显示了主人公的贤淑,也表现出封建社会后妃的不幸。在这一方面,它应该是许多宫怨题材作品的始祖。

赋文先总写后分写。总写部分说明了痛苦的起因,分写部分说明了痛苦的种种表现。它把不同感受(孤独、寂寞、凄凉、空虚)并列排比的一条横线和按照时间顺序(白昼—黄昏—清夜—复明)展示人物活动的一条纵线穿插交织在一起,使作品抒发的感情深深地感染了读者。

赋文的另一特点是把自然景物作为人物活动的背景摄入复杂的生活图像之中,让读者体味到浸透在景物中主人公的感情。

总之,《长门赋》是一篇成功的抒情赋作。

悼李夫人赋

刘 彻

题解

刘彻(前156—前87),即汉武帝,是汉景帝之子,在位54年。在位时反击匈奴,开拓疆土,并罢黜百家,独尊儒术,对后代尊崇儒术产生了很大的影响。李夫人本系乐人,其兄李延年知音善歌舞,武帝爱之,与生昌邑哀王。李早卒,武帝思念之,乃图画其形于甘泉宫。武帝崩后,霍光缘上雅意,以李夫人配食,追上尊号曰"孝武皇后"。

原文

美连娟以修嫮兮[1],命樔绝而不长[2]。饰新宫以延贮兮[3],泯不归乎故乡[4]。惨郁郁其芜秽兮[5],隐处幽而怀伤[6]。释舆马于山椒兮[7],奄修夜之不阳[8]。秋气憯以凄泪兮[9],桂枝落而销亡[10]。神茕茕以遥思兮[11],精浮游而出疆[12]。托沉阴以圹久兮[13],惜蕃华之未央[14]。念穷极之不还兮[15],惟幼眇之相羊[16]。函荾荴以俟风兮[17],芳杂袭以弥章[18]。的容与以猗靡兮[19],缥飘姚虖逾庄[20]。燕淫衍而抚楹兮[21],连流视而娥扬[22]。既激感而心逐兮[23],包红颜而弗明[24]。欢接狎以离别兮[25],宵寤梦之芒芒[26]。忽迁化而不返兮[27],魄放逸以飞扬[28]。何灵魂之纷纷兮[29],哀裴回以踌躇[30]。势路日以远兮[31],遂荒忽而辞去[32]。超兮西征[33],屑兮不见[34]。浸淫敞怳[35],寂兮无音。思若流波[36],怛兮在心[37]。

乱曰:佳侠函光[38],陨朱荣兮[39]。嫉妒阘茸[40],将安程兮[41]!方时隆盛[42],年夭伤兮。弟子增欷[43],洿沫怅兮[44]。悲愁於邑[45],喧不可止兮[46]。向不虚应[47],亦云已兮[48]。嫶妍太息[49],叹稚子兮[50]。㤜栗不言[51],倚所恃兮。仁者不誓[52],岂约亲兮[53]?既往不来[54],申以信兮[55]。去彼昭昭[56],就冥冥兮[57]。既下新宫,不复故庭兮[58]。呜呼哀哉!想魂灵兮。

注释

[1]连娟:身材优美苗条。 修嫮(hù):修长而美好貌。

[2]命:性命。 樔(cháo)绝:灭绝。指死亡。

[3]饰:修治。 新宫:指坟墓。 延贮:久立等待。

[4]泯:灭。

[5]郁郁:忧愁苦闷貌。 芜秽:长满杂草。此谓坟上荒草很多。

[6]隐处幽:隐蔽而幽暗。

[7]释舆马:停下车马。 山椒:山陵。椒,山顶。

[8]奄:通“淹”,迟延。 修夜:长夜。 不阳:不明。
[9]憯(cǎn):通“惨”。 凄淚:寒凉。
[10]“桂枝”句:喻李夫人之死。 桂枝,喻指李夫人。
[11]神:精神。 茕茕(qióng):孤独的样子。
[12]精:精魂。 疆:此指躯体。
[13]托沉阴:依托于阴间。 圹久:长久。圹,同“旷”。
[14]蕃花:茂盛的花朵,喻指李夫人。 未央:未尽,谓李夫人正当中年而早卒。
[15]穷极:极远的地方。
[16]惟:思念。 幼(yào)眇:幽微。 相羊:徜徉,徘徊。
[17]函:包容。 荾(suī):花穗。 荴(fū):散发。
[18]芳:香味。 杂袭:重积。 弥章:更显著。章,同“彰”。
[19]的:鲜明。 容与:从容不迫貌。 猗靡:婉约柔顺。
[20]缥:轻举貌。 飘姚:同“飘摇”。 逾庄:更加严肃端庄。
[21]燕:欢乐。 淫衍:极度地欢乐。 抚楹:摩挲厅堂前的柱子。
[22]连:留连。 流视:流览。 娥扬:蛾眉上扬。娥,同“蛾”。
[23]激感:感动。 心逐:内心思念不舍。
[24]包红颜:李夫人的红颜藏于坟墓之中。 弗明:不再明亮。
[25]接狎:亲密。
[26]宵:夜。 寤梦:从梦中醒来。
[27]迁化:指死亡。 反:同“返”。
[28]放逸:放任自由。
[29]纷纷:杂乱。
[30]裴(péi)回:同“徘徊”。
[31]势路:情势,道路。 日以远:一天天远去。
[32]荒忽:隐约不分明貌。 辞去:辞别而离去。
[33]西征:西行。
[34]屑:突然。
[35]浸淫:逐渐。 敞恍:模糊。
[36]思若流波:思念如同流水。
[37]怛(dá):悲伤。
[38]佳侠:犹“佳丽”,美人。
[39]陨朱荣:落红花。
[40]阘茸(tàróng):卑贱小人。
[41]程:衡量。
[42]方:正,当。 隆盛:谓年轻时。
[43]增欷:抽泣。
[44]涕沫:泪流满面。 怅:怅然若失。
[45]於(wū)邑:抑郁。
[46]喧:同“咺”,悲泣。
[47]向:通“响”。 虚应:不响应。

[48]亦云已：也就罢了。
[49]嫶妍（qiáoyán）：忧伤瘦损。　太息：叹息。
[50]稚子：幼儿。
[51]忣栗（liúlì）：悲伤。
[52]仁者不誓：仁人不誓言。
[53]约亲：约束亲人。
[54]既往不来：一去不回，谓李夫人卒。
[55]申以信：陈说诚信。
[56]去彼昭昭：离开光明的阳世。
[57]就冥冥：到达幽暗的阴间。
[58]复故庭：回到旧家。

新评

这篇小赋开辟了古代"悼亡"题材作品的领地，是一篇优秀的抒情赋作。

赋文先写李夫人去世之后，武帝对她的深切思念，然后回顾往昔的欢娱，又回到"迁化"、"不反"之上，表现了生者无限的痛惜。

"乱曰"部分又直抒胸臆，不仅"增欷""太息"，而且希望她能"复故庭"，其"想魂灵"的情感确是真挚可信的。

答客难

东方朔

题解

东方朔（前154—前93），西汉平原厌次（今山东惠民）人。他是在朝廷上诙谐劝谏武帝的大臣。其作品以辞赋体著称。《答客难》开了《昭明文选》设问赋的先河。

原文

客难东方朔曰[1]："苏秦、张仪一当万乘之主[2]，而都卿相之位[3]，泽及后世[4]。今子大夫修先王之术[5]，慕圣人之义[6]，讽诵《诗》《书》百家之言[7]，不可胜数，著于竹帛[8]，唇腐齿落[9]，服膺而不释[10]，好学乐道之效[11]，明白甚矣；自以智能海内无双[12]，则可谓博闻辩智矣[13]。然悉力尽忠以事圣帝[14]，旷日持久[15]，官不过侍郎[16]，位不过执戟[17]，意者尚有遗行邪[18]？同胞之徒无所容居[19]，其故何也？"

东方先生喟然长息[20]，仰而应之曰[21]："是固非子之所能备也[22]。彼一时也，此一时也[23]，岂可同哉[24]？夫苏秦、张仪之时[25]，周室大坏[26]，诸侯不朝[27]，力政争权[28]，相禽以兵[29]，并为十二国[30]，未有雌雄[31]，得士者强[32]，失士者亡[33]，故谈说行焉[34]。身处尊位[35]，珍宝充内[36]，外有廪仓[37]，泽及后世，子孙长享[38]。今则不然。圣帝流德[39]，天下震慑[40]，诸侯宾服[41]，连四海之外以为带[42]，安于覆盂[43]，动犹运之掌[44]，贤不肖何以异哉[45]？遵天之道，顺地之理，物无不得其所[46]；故绥之则安[47]，动之则苦；尊之则为将[48]，卑之则为虏[49]；抗之则在青云之上[50]，抑之则在深泉之下[51]；用之则为虎，不用则为鼠；虽欲尽节效情[52]，安知前后[53]？夫天地之大，士民之众，竭精谈说[54]，并进辐凑者不可胜数[55]，悉力慕之[56]，困于衣食，或失门户[57]。使苏秦、张仪与仆并生于今之世[58]，曾不得掌故[59]，安敢望常侍郎乎[60]！故曰时异事异[61]。

"虽然[62]，安可以不务修身乎哉[63]！《诗》云：'鼓钟于宫，声闻于外[64]。''鹤鸣于九皋[65]，声闻于天[66]。'苟能修身[67]，何患不荣[68]！太公体行仁义[69]，七十有二乃设用于文武[70]，得信厥说[71]，封于齐，七百岁而不绝[72]。此士所以日夜孳孳[73]，敏行而不敢怠也[74]。辟若鹡鸰[75]，飞且鸣矣。传曰[76]：'天不为人之恶寒而辍其冬[77]，地不为人之恶险而辍其广[78]，君子不为小人之匈匈而易其行[79]。''天有常度，地有常形，君子有常行；君子道其常，小人计其功[80]。'《诗》云：'礼义之不愆，何恤人之言[81]？'故曰：'水至清则无鱼，人至察则无徒，冕而前旒，所以蔽明；黈纩充耳，所以塞聪[82]。'明有所不见，聪有所不闻，举大德[83]，赦小过[84]，无求备于一人之义也[85]。枉而直之[86]，使自得之；优而柔之，使自求之[87]；揆而度之，使自索之[88]。盖圣人教化如此[89]，欲自得之；自得之，则敏且广矣[90]。

"今世之处士[91]，魁然无徒[92]，廓然独居[93]，上观许由[94]，下察接舆[95]，计同范蠡[96]，忠合子胥[97]，天下和平，与义相扶[98]，寡耦少徒[99]，固其宜也[100]，子何疑于我哉？若夫燕之用乐毅，秦之任李斯，郦食其之下齐[101]，说行如流[102]，曲从如环[103]，所欲必得[104]，功若丘山[105]，海内定[106]，国家安，是遇其时也[107]，子又何怪之邪[108]！语曰[109]，'以筦窥天，以蠡测海，以莛撞钟[110]'，岂能通其条贯[111]，考其文理[112]，发其音声哉[113]！繇是观之[114]，譬犹鼱鼩之袭狗[115]，孤豚之咋虎[116]，至则靡耳[117]，何功之有？今以下愚而非处士[118]，虽欲勿困[119]，固不得已[120]，此适足以明其不知权变而终或于大道也[121]。"

注释

[1]客：作者假托的人物。汉赋常以主客问答的方式结构文章，且常常是"抑客申主"。 难：责难，问难。

[2]苏秦、张仪：皆战国时人物，纵横家，苏秦主张东方六国联合抗秦，张仪主张六国分别与秦国交好。 当万乘(shèng)之主：遇上拥有一万辆兵车的国君。

[3]都：居。

[4]泽：恩惠。

[5]子大夫：指东方朔，时为太中大夫。 先王之术：古代帝王治理国家的法术。

[6]慕：向往。

[7]讽诵：熟读。

[8]著于竹帛:写在竹简和绢帛之上。
[9]唇腐齿落:嘴唇腐烂,牙齿掉落,极言诵读之辛苦。
[10]服膺:记在心中。　释:放开,放下。
[11]效:效验。
[12]智能:智慧、才能。
[13]博闻辩智:见识广博,有口才有智能。
[14]事圣帝:为汉武帝效劳。
[15]旷日持久:荒废时日,拖延很久。
[16]侍郎:西汉时皇帝的侍从之官。
[17]执戟:执戟的侍卫。戟,一种兵器。
[18]意者:主观推测。　遗行:不检点的行为。
[19]容居:容身,安身之所。
[20]喟(kuì)然:长叹的样子。　长息:长出一口气。
[21]仰而应:抬起头答应。
[22]是固:这本来。　能备:能尽知。
[23]时:时势。
[24]同:同样对待,看承。
[25]夫:发语词,无实义。
[26]周室:周王室,东周朝廷。
[27]不朝:不来朝拜。
[28]力政:以武力相征伐。政,通"征"。　争权:争夺权利。
[29]相禽:互相擒拿、吞并。禽通"擒"。
[30]十二国:秦、齐、楚、燕、赵、魏、韩、宋、卫、中山、鲁、郑。
[31]雌雄:喻指强弱、高下。
[32]士:有治国才略的士子。
[33]亡:灭亡。
[34]谈说(shuì)行:游说能以通行。
[35]尊位:高位。
[36]充内:充满内室。
[37]廪仓:粮食和财物的仓库。
[38]长享:长久享用。
[39]流德:布德。
[40]震慑:震动、恐惧。
[41]宾服:归顺。
[42]"连四海"句:四海连在一起,如同衣带拴牢。
[43]覆盂:倒扣的饭盂,十分安稳。
[44]动:举动,行动。　犹运之掌:好比在掌中一样转动轻易。
[45]贤不肖:贤良和不良。
[46]物:指人和事物。
[47]绥之:安抚它。

[48]尊之:尊敬它,抬举它。

[49]卑之:贬低它。

[50]抗:高举。

[51]抑:压抑。

[52]尽节效情:尽臣子之节,尽效忠诚。

[53]安知前后:怎么知道是向前还是向后。

[54]竭精谈说:竭尽精力游说。

[55]并进辐凑:像车辐集中于车毂一样共进。

[56]悉力慕之:竭尽全力追求利禄。慕,追求。

[57]失门户:《文选》注曰:“上书忤旨,或被诛戮。”

[58]使:假如。 仆:我。

[59]曾:简直。 掌故:掌管资料的小官。

[60]安敢望:怎敢期望。

[61]异:不同。

[62]虽然:即使如此。

[63]务:致力于。 修身:修养自身。

[64]鼓钟:敲钟,打钟。 宫:室内。

[65]皋:沼泽。

[66]声闻:声音可以上达。

[67]苟能:只要能够。

[68]患:担心。

[69]太公:姜尚,吕望。

[70]设用:重用。 文武:周文王与周武王。

[71]信:同“伸”,施展。

[72]七百岁:自姜尚封齐至田和代齐,约七百年,故云。

[73]孳孳:勤勉的样子。

[74]敏:勉力。 怠:懈怠。

[75]鹏鸰:即鹡鸰,小鸟。

[76]传曰:先代典籍上说。

[77]恶寒:厌恶寒冷。 辍:停止。

[78]恶险:害怕险阻。

[79]匈匈:大声喧哗。 易其行:改变品行。

[80]道其常:行其一贯的操行。 计其功:计较其功劳。

[81]不愆:无差错。 恤:忧虑。此为逸诗。

[82]至:最,极。 察:明察。 冕:帝王之冠。 旒(liú):冕前垂挂的玉串。 蔽明:遮挡视线。 黈纩(tǒukuàng):黄色丝棉。 充耳:塞耳朵眼。 塞聪:堵塞听力。

[83]举:用。 大德:主要德行。

[84]赦小过:宽宥些小的过失。

[85]无求备:不求全责备。

[86]枉:曲。

[87]优:宽和。　柔:柔和。句谓用人当宽大柔和,使其求上进。

[88]揆:揣度。　索:求也。句谓待人应揣情度理而引导之,使之求索成长。语出《大戴礼·子张问入官》。

[89]圣人:指孔子。

[90]敏且广:勤敏而学问广博。

[91]处士:隐居者。

[92]魁然:同“块然”,孤独貌。

[93]廓然:空寂的样子。

[94]许由:尧帝时高士。传尧帝欲让位于他,不受而逃。

[95]接舆:春秋时隐士,传曾嘲讽孔子热衷功名。

[96]范蠡:越王勾践的谋士,灭吴后即隐居江湖。

[97]子胥:伍子胥,即伍员,吴王夫差的大臣,以忠直见杀。

[98]相扶:相守。

[99]耦:成对,成双。　徒:徒弟。

[100]宜:适当,合适。

[101]乐毅:燕昭王之大臣,曾为燕王破齐七十馀城。　李斯:秦之丞相,助秦王灭六国而统一天下。　郦食其(yìjī):汉高祖的谋臣,说齐王田广归汉。

[102]说行如流:主张通行如同流水般顺畅迅速。

[103]曲从如环:帝王顺从其主张,如环之曲回。

[104]所欲必得:想要的东西一定会得到。

[105]功若丘山:功劳如同高丘大山般堆累。

[106]海内:天下。

[107]遇其时:得到机遇。

[108]怪:奇怪。

[109]语:谚语。

[110]筦:同“管”。　蠡:用瓠做的瓢。　莛:小树枝。

[111]通条贯:符合条理、脉络。

[112]文理:纹理。

[113]发其音声:敲响钟,使之发声。

[114]繇:由。

[115]鼱鼩(jīngqú):一种小鼠。

[116]孤豚:孤单的小猪。　咋:咬。

[117]靡:倒伏,披靡。

[118]下愚:下劣愚蠢。

[119]勿困:不受困窘。

[120]固不得已:本不可能。

[121]权变:变通。　或:通“惑”,不明白。

新评

汉代文人对于仕进出处有相当多的牢骚,东方朔《答客难》之后,扬雄有《解嘲》,班固有《答宾戏》。到了东汉,崔骃作《答旨》,蔡邕作《释诲》,都程度不同地讲了自己关于出处的政治见解。所以说东方朔的《答客难》,具有某种开创的意义。

本赋从战国时代的张仪、苏秦说起,比较了战国纵横家的得势与汉代文人的落拓,说明和平环境下士子无所施其技的客观形势,从而说明了"时移事异"的道理,应该说"时移事易"是一篇的主旨。但文章接着又说了即使在当时形势下,士子仍应该修身。并说"苟能修身,何患不荣?"文末又回到"今世处士"之上,从另一个角度(知不知权变)讲了"时移事异"的道理。并使"客"哑口无言,实现了汉赋的"抑客申主"。

士不遇赋

董仲舒

【题解】

董仲舒(前179—前104),是西汉广川(今河北枣强东)人。少年即治《春秋》,汉景帝时为博士,武帝时三次应诏对策,建议"罢黜百家,独尊儒术"。武帝纳其言,受命为江都易王相,后因宣扬灾异,被罢,又任胶西王相,病免,卒于家。武帝只用其谋而不使他执政,是他产生不遇于时感慨的原因。本文即表现了 他"返身素业"、"正心归善",不随世"轮转"的决心。

【原文】

嗟乎[1]!嗟乎!遐哉邈矣[2]。时来曷迟[3],去之速矣[4]?屈意从人[5],非吾徒矣[6]。正身俟时[7],将就木矣[8]。悠悠偕时[9],岂能觉矣[10]。心之忧欤[11],不期禄矣[12]。皇皇匪宁[13],祇增辱矣[14]。努力触藩[15],徒摧角矣[16]。不出户庭[17],庶无过矣[18]。重曰[19]:

生不丁三代之盛隆兮[20],而丁三季之末[21]。俗以辨诈而期通兮[22],贞士耿介而自束[23]。虽日三省于吾身兮[24],繇怀进退之惟谷[25]。彼寔繁之有徒兮[26],指其白而为黑[27]。目信嫮而言眇兮[28],口信辩而言讷[29]。鬼神不能正人事之变戾兮[30],圣贤亦不能开愚夫之违惑[31]。出门则不可以偕往兮[32],藏器又蚩其不容[33]。退洗心而内讼兮[34],亦未知其所从也[35]。观上古之清浊兮[36],廉士亦茕茕而靡归[37]。殷汤有卞随与务光兮[38],周武有伯夷与叔齐[39]。卞随务光遁迹于深渊兮[40],伯夷叔齐登山而采薇[41]。使彼圣人其繇周遑兮[42],矧举世而同迷[43]。若伍员与屈原兮[44],固亦无所复顾[45]。亦不能同彼数子兮[46],将远游而终慕[47]。于吾侪之云远兮[48],疑荒涂而难践[49]。惮君子之于行兮[50],诚三日而不饭[51]。嗟天下之偕违兮[52],怅无与之偕返[53]。孰若返身于素业兮[54],莫随世而轮转[55]。虽矫情而获百利兮[56],复不如正心而归一善[57]。纷既迫而后动兮[58],岂云禀性之惟褊[59]。昭同人而大有兮[60],明谦光而务展[61]。遵幽昧于默足兮[62]，岂舒采而蕲显[63]。苟肝胆之可同兮[64]，奚须发之足辨也[65]。

注释

[1]嗟乎：叹词，相当于当今的“啊”。

[2]遐：远。 邈：遥远。

[3]时：机遇。 曷迟：何以如此迟缓。

[4]去之：离去。

[5]屈意从人：委屈自己的心意，顺从别人。

[6]非吾徒：不是与我同一类型之人。语出《论语·先进》。

[7]正身：端正自身。 俟：等待。

[8]就木：入棺，谓死去。

[9]悠悠：长久貌。 偕时：与时同老。

[10]觉：醒悟。

[11]忧欤：忧愁啊。

[12]期禄：期望享受俸禄，谓见遇于皇上。

[13]皇皇：同“惶惶”，心情不安。 匪：非也。

[14]祇：同“只”。 增辱：增加自己的耻辱。

[15]触藩：触撞篱笆。

[16]摧角：折断头上的角。二句用《周易·大壮》语。

[17]不出户庭：不出门，此句用《周易·节》语。

[18]庶：庶几，或许。 无过：没有过错。

[19]重(chóng)曰：进一步说。

[20]不丁：不逢，不当。 三代：夏、商、周。

[21]三季之末：夏、商、周三代的末期。

[22]辨诈：同“辩诈”，言语动听与欺诈。 期通：期望通达。

[23]贞士：坚贞的士子。 耿介：正直。 自束：自我约束。

[24]日：每天。 三省于吾身：多次反省自身的行为。语出《论语·学而》。

[25]繇：同“犹”，还，尚且。 进退惟谷：进退两难。语出《诗经·大雅·桑柔》。

[26]彼：指上文所述“辨诈”之徒。 繁：多。

[27]指白为黑：谓颠倒是非。

[28]信嫮(hù)：确实美好。 言眇：却说瞎了一只眼睛。

[29]信辩：确实口才好。 言讷(nè)：却说言语迟钝。

[30]变戾(lì)：乖戾。

[31]违惑：错误与迷惑。

[32]偕往：一块前去。

[33]藏器：怀才不露。 蚩：通“嗤”，讥笑，嘲笑。 不容：不宽容。

[34]洗心：悔过自新。 内讼：自我责备。

[35]所从：所适从的。

[36]清浊：治与乱。

[37]廉士：有操守、不苟且的人。 茕茕而靡归：孤独而没有归宿。

[38]殷汤：商汤。 卞随、务光：皆商代贤人。传汤得天下之后，欲让位给此二人，二人投水而死。

[39]周武：周武王姬发。 伯夷、叔齐：商末孤竹国二公子，周武王伐纣得天下后，二人采薇于首阳山，不食周粟，至于饿死。

[40]遁迹于深渊：指二人投水自尽。

[41]采薇：采摘薇菜以充饥，因他们耻食周粟。

[42]繇周遑：同"犹周遑"，还徬徨。

[43]矧(shěn)：何况。 迷：迷惑。

[44]伍员：即伍子胥，助吴王夫差伐越，后遭谗被迫自杀。 屈原：春秋战国之际的屈平，为楚国的三闾大夫，被谗流放，投水自尽。

[45]无所复顾：无所留恋。

[46]彼数子：指上述卞随、务光、伯夷、叔齐、伍员、屈原等人。

[47]远游：远行，远去。 终慕：终生期慕。

[48]吾侪(chái)：我辈。

[49]荒涂：同"荒途"。 难践：难以行走。

[50]惮：害怕。

[51]三日而不饭：三天而不能吃饭，言旅途艰难。语出《周易·明夷》。

[52]偕违：均已违背古道。

[53]怅：惆怅。 偕返：一同回归。

[54]孰若：哪如。 素业：清白的事业。

[55]莫：不要。 轮转：旋转。

[56]矫情：违背真情。

[57]正心：端正内心。 一善：一种善行，一种美德。

[58]迫而后动：遭遇逼迫而后采取行动。

[59]禀性之惟褊：天生的性格狭隘。

[60]昭：使……显扬。 同人而大有：《周易》卦名。"同人"卦象征与人和谐，"大有"卦象征大获所有。句谓人不可能长久倒霉，"不遇"之后必有与人和谐和大获所有。

[61]明：与上句之"昭"同义，即使……明。 谦光：谦尊而光。《易传·谦》："尊而光"，谓"尊者有谦而光明盛大"。 务展：致力于伸张。句谓要使谦退之风显著并发扬光大。

[62]遵：循。 幽昧：昏暗，谓世道黑暗。 默足：谓"国无道其默足以容"(《礼记·中庸》语)。

[63]舒采：展现文采。 蕲显：求得显现，喻指求得通达。此二句谓：遵照在昏暗中沉默的原则就足够了，哪里想施展才华以求得显达呢?

[64]苟：只要。 可同：可视为一体。

[65]奚：何至，何必。 须发：胡须与头发。 辨：辨别。

新评

《士不遇赋》是董仲舒抒发政治上不得意从而感慨的作品。它先写世道昏暗，自己无所适从的苦恼，又用古代圣贤的遭际证明自己的判断，并说明很难出走远游，只能返身"素业"，不可随世"轮转"，表现了不与世俗妥协的决心。

逐贫赋

扬　雄

【题解】

扬雄(前 50—18),字子云,系蜀郡成都人。汉成帝时以作赋似司马相如被荐,受诏至长安,拜为郎,给事黄门。他很重视赋的讽谏作用,多次作赋讽谏,结果并不理想,因此,对作赋失去了信心,也没有受到重用。家素贫,年七十一岁而卒。他是西汉时司马相如之后最大的赋家,所作有《甘泉》、《羽猎》、《河东》、《长扬》等赋。本赋在其所作中并不出名,但却能反映作者的生活与思想。

【原文】

扬子遁世[1],离俗独处[2]。左邻崇山[3],右接旷野[4]。邻垣乞儿[5],终贫且窭[6]。礼薄义弊[7],相与群聚[8]。惆怅失志[9],呼贫与语[10]:

"汝在六极[11],投弃荒遐[12]。好为庸卒[13],刑戮是加[14]。匪惟幼稚[15],嬉戏土砂[16]。居非近邻,接屋连家[17]。恩轻毛羽,义薄轻罗[18]。进不由德,退不受呵[19]。久为滞客[20],其意谓何[21]?人皆文绣[22],余褐不完[23];人皆稻粱[24],我独藜飧[25]。贫无宝玩[26],何以接欢[27]?宗室之燕[28],为乐不槃[29]。徒行负赁[30],出处易衣[31]。身服百役[32],手足胼胝[33]。或耘或耔[34],露体沾肌[35]。朋友道绝[36],进官凌迟[37]。其咎安在[38]?职汝为之[39]。舍汝远窜[40],昆仑之颠[41]。尔复我随[42],翰飞戾天[43];舍尔登山,岩穴隐藏[44]。尔复我随,陟彼高冈[45];舍尔入海,泛彼柏舟[46]。尔复我随,载沉载浮[47]。我行尔动,我静尔休[48]。岂无他人,从我何求?今汝去矣,勿复久留。"

贫曰:"唯唯[49]。主人见逐[50],多言益嗤[51]。心有所怀[52],愿得尽辞[53]。昔我乃祖[54],宣其明德[55]。克佐帝尧[56],誓为典则[57]。土阶茅茨[58],匪雕匪饰[59]。爰及季世[60],纵其昏惑[61]。饕餮之群[62],贪富苟得[63]。鄙我先人[64],乃傲乃骄[65]。瑶台琼榭[66],室屋崇高。流酒为池,积肉为崤[67]。是用鹄逝[68],不践其朝[69]。三省吾身[70],谓予无諐[71]。处君之家[72],福禄如山。忘我大德,思我小怨[73]。堪寒能暑[74],少而习焉[75]。寒暑不忒[76],等寿神仙。桀跖不顾[77],贪类不干[78]。人皆重蔽[79],子独露居。人皆怵惕[80],子独无虞[81]。"

言辞既罄[82],色厉目张[83]。摄齐而兴[84],降阶下堂。"誓将去汝[85],适彼首阳[86]。孤竹二子[87],与我连行[88]。"余乃避席[89],辞谢不直[90]。"请不贰过[91],闻义则服[92]。长与汝居,终无厌极[93]。"贫遂不去,与我游息[94]。

注释

[1]遁世:逃世,避世。
[2]独处:独居。
[3]崇山:高山。
[4]接:连接。
[5]邻垣:隔墙。
[6]窭(jù):贫困。
[7]礼薄义蔽:礼义微薄且凋蔽,即衰败。
[8]群聚:聚集在一起。
[9]惆怅:失望的样子。
[10]呼贫与语:此用拟人手法,与贫对话。
[11]六极:语出《尚书·洪范》:"一曰凶短折,二曰疾,三曰忧,四曰贫,五曰恶,六曰弱。"
[12]荒遐:荒远之地。
[13]庸卒:受雇用之人。
[14]刑戮:刑罚杀戮。
[15]匪惟幼稚:不只是一个小孩子。
[16]嬉戏:玩耍。
[17]接屋连家:屋家相连。
[18]"恩轻"二句:恩义比羽毛还轻,比罗纱还薄。
[19]呵:呵斥。
[20]滞客:久留在外之人。
[21]谓何:同"为何"。
[22]文绣:绣有花纹的衣服。
[23]褐不完:粗布衣尚不完整,谓布衣破烂。
[24]稻粱:稻米黄米。
[25]藜飧:以野菜为食。
[26]宝玩:珍宝玩物。
[27]接欢:接为欢心,谓交友。
[28]燕:通"宴"。
[29]槃:通"般",快乐。
[30]负赁(lìn):受雇于人。
[31]出处易衣:出门和在家穿不同的衣服(出门穿稍完好些,回家又复易其破衣)。
[32]服百役:承当各种劳役。
[33]胼胝(piánzhī):手脚长满厚茧。
[34]耘耔:锄草与培土。
[35]沾肌:打湿肌肤。
[36]道绝:路断,谓断了朋友之路。
[37]进官:升官。 凌迟:同"陵迟",渐衰貌,谓没有了希望。
[38]咎:过错。

[39]职:主要。
[40]远窜:远逃。
[41]颠:顶。
[42]我随:随我。
[43]翰飞戾天:高高地飞到天上。
[44]严穴:通“岩穴”,山洞。
[45]陟彼高冈:登上高山。语出《诗经·周南·卷耳》。
[46]泛彼柏舟:乘柏木船漂到海上。语出《诗经·鄘风·柏舟》。
[47]载:又。语出《诗经·小雅·青青者莪》。
[48]休:停下。
[49]唯唯:应答的声音。
[50]见逐:被驱逐。
[51]益嗤:更加为人所讥笑。
[52]怀:想。
[53]尽辞:把话说完。
[54]乃祖:祖先。“乃”无实义。
[55]明德:贤明之德。
[56]克佐:能以辅佐。
[57]典则:法则,谓榜样。
[58]茅茨:茅草盖的屋顶。
[59]匪:同“非”。
[60]爰及季世:等到了末世。爰,于是;季世,末代。
[61]昏惑:昏聩迷乱。
[62]饕餮(tāotiè):传为凶猛而贪食的怪兽,喻指贪婪。
[63]苟得:苟且获得。
[64]鄙:轻视。　我:指“贫”(拟人化的)。
[65]“乃傲”句:于是骄傲。
[66]瑶台琼榭:以美玉装饰的亭台楼榭。
[67]崤:山名,在今河南西部。
[68]鹄逝:如鸿鹄般高飞远去。
[69]“不践”句:谓不处于朝堂之上。　践,踩,踏。
[70]“三省”句:多次反省自己。语出《论语·学而》。
[71]无愆(qiān):没有过错。愆,同“諐”。
[72]君:指扬雄。
[73]小愆:小毛病。
[74]堪寒能暑:能忍受寒冷,能耐受暑热。
[75]少而习:从小就习惯了。
[76]不忒:不出差错。
[77]桀跖:夏桀和盗跖,喻指强暴之徒。
[78]贪类不干:贪婪之徒也不干犯。

[79]重蔽:为重楼广屋所遮蔽。

[80]怵惕:紧张,害怕。

[81]无虞:无忧。

[82]罄:尽。

[83]色厉目张:神色严厉,瞪大眼睛。

[84]摄齐而兴:提起衣服下摆站立起来。齐,下衣之边;兴,站立起来。

[85]去汝:离开你。

[86]适:到。 首阳:山名。在今山西永济南,是伯夷、叔齐隐居之处。

[87]孤竹二子:指伯夷、叔齐。二人系商末孤竹国公子。

[88]连行:同行。

[89]避席:离开席位。

[90]辞谢:道歉。 不直:错了。

[91]不贰过:不重犯同一错误。语出《论语·雍也》。

[92]服:用。

[93]厌极:满足。

[94]游息:行走、休息,谓常在一起。

新评

本篇使用拟人手法,通过作者与“贫”的对话,反映了封建社会下层知识分子与广大贫民生活的窘迫,表现了汉代社会的极不平等。末尾写作者对“贫”的歉意和挽留等,又表现了作者的豁达和超脱。它对唐代韩愈的《送穷文》等产生过直接而巨大的影响。另外,本赋在语言形式上全用四言句,属于诗赋体例,这应该看作是扬雄对汉赋发展的一种贡献。

北征赋

班 彪

题解

班彪(3—54),字叔皮,扶风安陵(今陕西咸阳市东)人,司马迁去世后,班彪作有《史记后传》多篇,后为其子班固收入《汉书》之中。西汉末年,王莽称帝,建立新朝,绿林、赤眉起义军反莽,新市、平林诸将立汉宗室刘玄为帝,是为更始帝。刘歆谋劫王莽归汉,成纪人隗嚣亦起兵反莽,占有陇西、武都、金城、武威、张掖、酒泉、敦煌等地。至更始三年,刘秀以“赤伏符”预言为据,即帝位。班彪眼见长安大乱,乃欲避乱天水(今甘肃通渭西北),归隗嚣。《北征赋》即班彪为避长安乱西去天水郡时所作。

【原文】

余遭世之颠覆兮[1]，罹填塞之阨灾[2]。旧室灭以丘墟兮[3]，曾不得乎少留[4]。遂奋袂以北征兮[5]，超绝迹而远游[6]。

朝发轫于长都兮[7]，夕宿瓠谷之玄宫[8]。历云门而反顾[9]，望通天之崇崇[10]。乘陵岗以登降[11]，息郇邠之邑乡[12]。慕公刘之遗德[13]，及行苇之不伤[14]。彼何生之优渥[15]，我独罹此百殃[16]。故时会之变化兮[17]，非天命之靡常[18]。

登赤须之长坂[19]，入义渠之旧城[20]。忿戎王之淫狡[21]，秽宣后之失贞[22]。嘉秦昭之讨贼[23]，赫斯怒以北征[24]。纷吾去此旧都兮[25]，騑迟迟以历兹[26]。遂舒节以远逝兮[27]，指安定以为期[28]。涉长路之绵绵兮[29]，远纡回以樛流[30]。过泥阳而太息兮[31]，悲祖庙之不修[32]。释余马于彭阳兮[33]，且弭节而自思[34]。日晻晻其将暮兮[35]，睹羊牛之下来[36]。寤旷怨之伤情兮[37]，哀诗人之叹时[38]。

越安定以容与兮[39]，遵长城之漫漫[40]。剧蒙公之疲民兮[41]，为强秦乎筑怨[42]。舍高亥之切忧兮[43]，事蛮狄之辽患[44]。不耀德以绥远[45]，顾厚固而缮藩[46]。首身分而不寤兮[47]，犹数功而辞諐[48]。何夫子之妄说兮[49]，孰云地脉而生残[50]。登障隧而遥望兮[51]，聊须臾以婆娑[52]。闵獯鬻之猾夏兮[53]，吊尉邛于朝那[54]。从圣文之克让兮[55]，不劳师而币加[56]。惠父兄于南越兮[57]，黜帝号于尉他[58]。降几杖于藩国兮[59]，折吴濞之逆邪[60]。惟太宗之荡荡兮[61]，岂曩秦之所图[62]。

陟高平而周览[63]，望山谷之嵯峨[64]。野萧条以莽荡[65]，回千里而无家[66]。风猋发以漂遥兮[67]，谷水灌以扬波[68]。飞云雾之杳杳[69]，涉积雪之皑皑。雁邕邕以群翔兮，鹍鸡鸣以哜哜[70]。游子悲其故乡，心怆恨以伤怀[71]。抚长剑而慨息[72]，泣涟落而霑衣[73]。揽余涕以於邑兮[74]，哀生民之多故[75]。夫何阴曀之不阳兮[76]，嗟久失其平度[77]。谅时运之所为兮[78]，永伊郁其谁愬[79]。

乱曰：夫子固穷[80]，游艺文兮[81]。乐以忘忧[82]，唯圣贤兮[83]。达人从事[84]，有仪则兮[85]。行止屈申[86]，与时息兮[87]。君子履信[88]，无不居兮[89]。虽之蛮貊[90]，何忧惧兮。

【注释】

[1]遭世颠覆：遭遇了社会的动荡。

[2]罹(lí)：遭。　填塞：道路堵塞不通，喻政治混乱。　阨(è)灾：危困的灾难。

[3]旧室：指长安大乱前的房舍。　丘墟：废墟。

[4]少留：稍事停留。

[5]奋袂(mèi)：举袖，奋发貌。

[6]超绝迹：跨越荒无人迹之处。　远游：到远方去。谓至天水。

[7]发轫(rèn)：乘车出发，起程。　长都：长安，为西汉都城，故称。

[8]瓠谷、玄宫:皆地名,均在今陕西省西安市附近。
[9]历云门:经过云阳县城门(今陕西淳化县西北)。 反顾:回头看,谓恋恋不舍。
[10]通天:台名,在甘泉宫内。 崇崇:高峻之状。
[11]乘陵岗:登上高山。 登降:或上或下。
[12]郇邠(xúnbīn):栒邑县之邠乡,地在今陕西省旬邑县西南。
[13]公刘:周民族的远祖,曾率周人迁居于邠。 遗德:遗留的美德。
[14]"及行苇"句:谓对路边的草木也加以爱护。语出《诗经·大雅·行苇》。
[15]优渥:优厚。
[16]罹百殃:遭受多种灾祸。
[17]时会变化:时事改变。
[18]靡常:无常。
[19]赤须坂:大坡名,在今甘肃宁县境内。坂,坡。
[20]义渠:古西戎国名,亦在今甘肃宁县境内。
[21]戎王淫狡:指战国时,义渠戎王与秦昭襄王母宣太后私通事。
[22]秽:污秽,此指玷污。 宣后失贞:宣太后丧失贞节,参看上注。
[23]嘉:称许,称赞。 秦昭讨贼:指秦昭王灭义渠戎国事。
[24]赫斯怒:盛怒之貌。语出《诗经·大雅·皇矣》。
[25]去旧都:离开义渠旧城。
[26]骈:即骖马,服马两旁的马。 迟迟:缓缓。 历兹:至此。
[27]舒节:放慢行车的节奏。
[28]安定:地名,在今甘肃平凉地区及宁夏南部一带。
[29]长路绵绵:长远之路绵绵不断。
[30]纡回、樛(jiū)流:皆曲折貌。
[31]泥阳:汉县名,在北地郡(今甘肃宁县)。 太息:叹息。
[32]祖庙:班氏祖庙,在泥阳,即泥水之阳(水之北谓"阳")。 不修:未曾修葺。
[33]彭阳:汉县名,在今甘肃镇原县东。
[34]弭节:停住节奏,指停下马鞭。
[35]日晻晻(yǎn):阳光暗淡貌。
[36]羊牛下来:语出《诗经·王风·君子于役》。
[37]寤:通"悟"。 旷怨:旷夫怨女。指《诗经·王风·君子于役》的主题。
[38]诗人:指《诗经·王风·君子于役》的作者。 叹时:感叹时势。
[39]越:经过。 容与:逍遥,徘徊。
[40]漫漫:辽远貌。
[41]剧:以之为剧。 蒙公:蒙恬,秦派其监修长城,役民甚众。
[42]筑怨:招致怨恨。
[43]高亥切忧:赵高、胡亥近在眼前的忧患。
[44]"事蛮狄"句:从事于防备周边少数民族的遥远祸患。
[45]耀德绥远:显耀恩德,安抚远方民众。
[46]顾:反而。 厚固缮藩:加厚、加固城防,修缮藩篱(指长城)。
[47]首身分:谓死亡。 寤:通"悟",觉醒。

[48]数功辞僁:数说功劳,推卸罪责。

[49]妄说:胡讲。

[50]地脉生残:蒙恬自杀前所说的话,谓自己修筑长城所犯罪行。

[51]障隧:城堡与烽火台。隧,通"燧"。

[52]婆娑:盘旋。

[53]闵:伤悼。 獯鬻(xūnyù):商周之际"匈奴"之称。 猾夏:扰乱华夏。

[54]吊:吊唁。 尉卬(qiōng):名叫"卬"的都尉,或说即"孙卬",一说为"段卬"。 朝那:汉县名,在今甘肃平凉西北。汉文帝时,匈奴入侵,"杀北地郡都尉卬"。

[55]圣文:汉文帝。 克让:能以忍让。

[56]劳师:劳师动众(征伐匈奴)。 币加:增加送给匈奴的币帛,以安抚匈奴。

[57]惠父兄:指汉文帝对南越王赵佗之兄加惠。

[58]黜帝号:免去帝号,由于文帝加惠于赵佗之兄,南越王去帝号称臣。

[59]降几杖:下赐几案与手杖于吴国。

[60]"折吴濞"句:使吴王刘濞谋逆之心难以猝发。

[61]太宗:汉文帝庙号。 荡荡:心怀开阔宽大。

[62]曩秦所图:昔日秦国所谋画的。

[63]跻(jī):登上,升上。 高平:汉县名,在今宁夏固原一带。 周览:四下观望。

[64]嵯峨:高峻之貌。

[65]莽荡:空旷貌。

[66]回:辗转。

[67]风飙:疾风,大风。 漂遥:风驰的样子。

[68]灌:灌注,涌流。

[69]杳杳:幽暗的样子。

[70]鹍鸡:鸟名,似鹤,黄白色。 哜哜(jiē):通"喈喈",鸟和鸣的声音。

[71]怆悢(chuàngliàng):忧伤貌。

[72]慨息:叹息。

[73]泣涟落:哭泣落泪的样子。 霑衣:打湿衣襟。

[74]涕:泪。 於(wū)邑:抽泣。

[75]生民:民众。 多故:多有灾难。

[76]阴曀(yì):天气阴沉。喻天下昏暗。 不阳:不晴。"阳"喻指天下太平。

[77]平度:正常的法度。

[78]"谅时运"句:想来是命运使然吧。

[79]伊郁:同"抑郁"。 谁愬:向谁诉说。愬,同"诉"。

[80]乱:结语,终篇之辞。 夫子:孔子。 固穷:甘处穷困,不失气节。

[81]游艺文:沉迷于六艺和文献典籍之中。六艺,指礼、乐、射、御、书、数。

[82]乐以忘忧:语出《论语·述而》。

[83]惟圣贤:只有圣贤人物可以达到。

[84]达人:通达之人。

[85]仪则:准则,原则。

[86]行止:行动与停止。 屈申:同"屈伸"。

[87]与时息:与时势一同止息。

[88]履信:实践忠信。

[89]无不居:无处不可居住。谓处处皆可以。

[90]之蛮貊(mò):到蛮人和貊人居住之地。蛮貊,古指南方与东北的少数民族。此指到天水所经之北地。

新评

本赋是作者二十四岁时避长安之乱到天水依隗嚣北征途中的所见所感。它抒发感慨,间以议论。由于班彪本人是一个正统儒者,故所发议论(如慕公刘、思汉文、赞孔子及忿戎王秽宣后、讽蒙恬筑长城等)并无什么惊人之处,不外是儒家的政治理想而已。但它据途中见闻所发的感慨比刘歆的《遂初赋》更直接,更贴近现实,因而可以看作是第一篇真正意义上的行旅之赋,这对拓展赋的描写范围,丰富辞赋的写作品类颇有积极意义。

竹扇赋

班　固

题解

班固(32—92),字孟坚,班彪之子,是《汉书》的主要作者。汉明帝时,以私修国史罪下狱,其弟班超上书朝廷,说明原委,才被免,授为兰台令史。汉章帝时,朝廷辟儒在白虎观讨论"五经",固奉命作《白虎通德令》。汉和帝时做了大将军窦宪的中护军,随其出征匈奴,后窦宪败,受牵连死于狱中。《竹扇赋》出自《古文苑》,写了竹扇的取材、制作及其功用,也表达了作者对皇朝的忠诚。

原文

青青之竹形兆直[1],妙华长竿纷实翼[2]。杳篠丛生于水泽[3],疾风时纷纷萧飒[4]。削为扇翣成器美[5],托御君王供时有[6]。度量异好有圆方[7],来风避暑致清凉[8]。安体定神达消息[9],百王传之赖功力[10]。寿考康宁累万亿[11]。

注释

[1]兆:初生。

[2]妙华:美丽。　纷:繁多貌。　翼:披拂。

[3]杳篠(tiāo):同"杳窱",幽深的样子。

[4]疾风:大风。　萧飒:风吹竹叶之声。

[5]扇翣(shà):扇子。

[6]托御:进献。

[7]异好:特别好。　圆方:规矩。

[8]致清凉:获得清凉。

[9]达消息:达致休养生息。

[10]百王:百代帝王。　赖功力:依赖竹扇“来风避暑”、“安体定神”的功劳。

[11]寿考:长寿,高龄。考,老。　累万亿:累至万亿之年。

新评

本赋先写竹扇的取材、制作,接着写其功效。由于作者系封建士大夫,其眼中的竹扇功效自然与帝王相关,这自然是该赋的局限了。

本赋的语言比较平实,没有精警动人之句,但它把当时渐渐成熟了的七言体句式运用到辞赋创作之中,对其后的赋创作无疑有一定的影响。应该说这正是本赋在语言运用上的贡献。

舞赋并序

傅　毅

题解

傅毅(?—90),字武仲,扶风茂陵(今陕西兴平县)人,是与班固齐名的汉代辞赋作家。汉章帝时拜为兰台令史,与班固、贾逵一起典校秘书。后入大将军窦宪幕府,为司马官,早卒。《舞赋》是傅毅少数完篇保留下来的作品之一。该赋以细腻的笔触描写了歌妓跳舞时的动作、表情等,对了解古代艺术不无助益。

原文

楚襄王既游云梦[1],使宋玉赋高唐之事[2],将置酒宴饮[3],谓宋玉曰:“寡人欲觞群臣[4],何以娱之[5]?”玉曰:“臣闻歌以咏言[6],舞以尽意[7]。是以论其诗不如听其声;听其声不如察其形[8]。《激楚》、《结风》、《阳阿》之舞[9],材人之穷观[10],天下之至妙[11],噫[12]!可以进乎[13]?”王曰:“如其郑何[14]?”玉曰:“小大殊用[15],郑雅异宜[16]。弛张之度[17],圣哲所施[18]。是以《乐》纪干戚之容[19],《雅》美蹲蹲之舞[20],《礼》设三爵之制[21],《颂》有醉归之歌[22]。夫《咸池》、《六英》[23],所以陈清庙、协神人也[24];郑卫之乐,所以娱密坐、接欢欣也[25]。馀日怡荡[26],非以风民也[27]。其何害哉[28]!”王曰:“试为寡人赋之[29]。”玉曰:“唯唯[30]。”

夫何皎皎之闲夜兮[31],明月烂以施光[32]。朱火晔其延起兮[33],耀华屋而熺洞房[34]。黼帐祛而结组兮[35],铺首炳以焜煌[36]。陈茵席而设坐兮[37],溢金罍而列玉觞[38]。腾觚爵之斟酌兮[39],漫既醉其乐康[40]。严颜和而怡怿兮[41],幽情形而外扬[42]。文人不能怀其藻兮[43],武毅不能隐其刚[44]。简惰跳踃[45],般纷挐兮[46]。渊塞沉荡[47],改恒常兮[48]。于是郑女出进[49],二八徐侍[50]。姣服极丽[51],姁媮致态[52]。

貌嫽妙以妖蛊兮[53],红颜晔其扬华[54]。眉连娟以增绕兮[55],目流睇而横波[56]。珠翠的皪而炤燿兮[57],华袿飞髾而杂纤罗[58]。顾形影,自整装[59]。顺微风,挥若芳[60]。动朱唇,纡清阳[61],亢音高歌为乐方[62]。歌曰:"摅予意以弘观兮[63],绎精灵之所束[64]。弛紧急之弦张兮[65],慢末事之骫曲[66]。舒恢炱之广度兮[67],阔细体之苛缛[68]。嘉《关雎》之不淫兮[69],哀《蟋蟀》之局促[70]。启泰真之否隔兮[71],超遗物而度俗[72]。"扬激徵,骋清角[73]。赞舞操[74],奏均曲[75]。形态和,神意协[76]。从容得,志不劫[77]。

于是蹑节鼓陈[78],舒意自广[79]。游心无垠[80],远思长想。其始兴也[81],若俯若仰,若来若往[82]。雍容惆怅[83],不可为象[84]。其少进也[85],若翱若行[86],若竦若倾[87]。兀动赴度[88],指顾应声[89]。罗衣从风[90],长袖交横[91]。骆驿飞散[92],飒擖合并[93]。鶣鷅燕居[94],拉揩鹄惊[95]。绰约闲靡[96],机迅体轻[97]。姿绝伦之妙态[98],怀悫素之絜清[99]。修仪操以显志兮[100],独驰思乎杳冥[101]。在山峨峨,在水汤汤[102]。与志迁化,容不虚生[103]。明诗表指[104],喟息激昂[105]。气若浮云,志若秋霜[106]。观者增叹,诸工莫当[107]。

于是合场递进[108],按次而俟[109]。埒材角妙[110],夸容乃理[111]。轶态横出[112],瑰姿谲起[113]。眄般鼓则腾清眸[114],吐哇咬则发皓齿[115]。摘齐行列[116],经营切儗[117]。仿佛神动,回翔竦峙[118]。击不致策[119],蹈不顿趾[120]。翼尔悠往[121],阖复辍已[122]。及至回身还入[123],迫于急节[124]。浮腾累跪[125],跗蹋摩跌[126]。纡形远赴[127],漼似摧折[128]。纤縠蛾飞[129],纷猋若绝[130]。超逾鸟集[131],纵弛殟殁[132]。蝼蛇蜎蜎[133],云转飘曶[134]。体如游龙,袖如素蜺[135]。黎收而拜[136],曲度究毕[137]。迁延微笑[138],退复次列[139]。观者称丽,莫不怡悦[140]。

于是欢洽宴夜[141],命遣诸客[142]。扰躟就驾[143],仆夫正策[144]。车骑并狎[145],巃嵸逼迫[146]。良骏逸足[147],跄捍凌越[148]。龙骧横举[149],扬镳飞沫[150]。马材不同,各相倾夺[151]。或有逾埃赴辙[152],霆骇电灭[153],跖地远群[154],阊跳独绝[155]。或有宛足郁怒[156],般桓不发[157]。后往先至[158],遂为逐末[159]。或有矜容爱仪[160],洋洋习习[161]。迟速承意[162],控御缓急。车音若雷,骛骤相及[163]。骆漠而归[164],云散城邑[165]。天王燕胥[166],乐而不泆[167]。娱神遗老[168],永生之术[169]。优哉游哉[170],聊以永日[171]。

注释

[1]楚襄王:战国时楚国的顷襄王,楚怀王之子,名熊横。 云梦:大泽名,在今湖南、湖北两省交界处,为楚王的游猎之地。

[2]宋玉:战国时期楚国文人,是与唐勒、景差等齐名的楚辞作家。 高唐之事:宋玉曾作有《高唐赋》与《神女赋》,叙述楚王与巫山高唐神女欢爱之事。

[3]置酒:摆酒席。

[4]觞(shāng):大酒杯,此用为动词,摆设酒宴招待。

[5]娱:娱乐。

[6]歌以咏言:语出《尚书·尧典》之"诗言志,歌永言"。咏言,长言。

[7]尽意:充分地表达情意。

[8]察其形:观察其舞姿。

[9]《激楚》、《结风》、《阳阿》:皆歌曲名,可以配合舞蹈。

[10]材人:有才华之人。材,通"才"。

[11]至妙:最妙。

[12]噫:叹词。

[13]进:献上。

[14]郑:春秋战国时郑地的民歌,古人认为其地民歌淫荡。

[15]殊用:有不同的用途。

[16]郑雅:郑声与雅乐。 异宜:各有所宜。

[17]弛张:弓上弦曰张,下弦曰弛,指绷紧和放松。

[18]圣哲:圣贤人物。 施:实行。

[19]干戚:盾牌和斧头,指古代的武舞。 容:容貌。

[20]美:赞美。 蹲蹲(cún):起舞的样子。语出《诗经·小雅·伐木》。

[21]礼:《礼记》。 设:设置。 三爵之制:三杯酒的制度。古代臣子陪君王饮酒,不可超过三杯。爵,饮酒器,同今之酒杯。

[22]颂:《诗经》的"颂诗"。 醉归之歌:指《诗经·鲁颂·有駜》,中有"鼓咽咽,醉言归"之句。

[23]《咸池》、《六英》:皆古乐名。

[24]陈清庙:先宗庙。 协神人:使人与神和谐。

[25]娱密坐:使紧挨着坐在一起的人娱乐。

[26]馀日:闲暇的日子。 怡(yì)荡:愉快舒畅。

[27]风民:教化民众。

[28]何害:有什么害处。

[29]赋之:谓讲说之。

[30]唯唯:应答的声音。类同后代之"是的"。

[31]皎皎:光明。 闲夜:静夜。

[32]施光:发出光亮。

[33]朱火:烛火。 晔(yè):明亮。 延起:曼延升起。

[34]华屋:华丽的房屋。 熺洞房:照亮深暗的房屋。

[35]黻(fú)帐:绣帐。 祛:揭起。 结组:用丝带结之。

[36]铺首:门环的底坐。 炳:光灿貌。 焜(hùn)煌:明亮。

[37]茵席:垫褥坐席。

[38]溢金罍:把金质的酒罍灌满。罍(léi),腹大口小的盛酒器。 列玉觞:摆上玉质的酒觞。"金"、"玉"皆形容其精美。

[39]腾:奉上。 觚(gū)、爵:皆酒器之名。 斟酌:倒酒。

[40]漫:无拘束。 乐康:康乐,和乐。

[41]颜:颜色,表情。 和而怡怿:和乐而愉快。

[42]幽情:内在的深情。 形而外扬:表现于外。

[43]怀其藻:藏住他的文采。

[44]武毅:勇武刚毅者。 刚:刚强。

[45]简惰:简慢怠惰者。 跳䠷(xiāo):跳跃。

[46]般:乱。 纷挐(rú):纷乱。

[47]渊塞:深沉质实之人。 沉荡:沉迷摇荡。

[48]改恒常:一改平常的坐式。

[49]郑女:美女,传古代郑地多美女,故云。

[50]二八:十六岁。 徐侍:缓步侍侧。

[51]姣服:美丽的服饰。

[52]姁媮(xūyú):娇媚的样子。 致态:传达出神态。

[53]嫽(liǎo)妙:美好的样子。 妖蛊:艳丽而能迷惑他人。

[54]晔:谓容光焕发。 扬华:散发光彩。

[55]连娟:细而长。 绕:弯曲。

[56]流睇:眼光顾盼。 横波:目光流转如同水波横起。

[57]的皪(dìlì):晶莹明亮的样子。 炤燿:同"照耀"。

[58]华袿:妇女华丽的上衣。 髾(shāo):妇女服装上燕尾形饰物。 纤罗:薄而细的丝罗。

[59]整装:整理服装。

[60]挥:谓飘洒。 若芳:像杜若的芳香。

[61]纡:低垂。 清阳:眉清目秀。"阳"通"扬",见《诗经·郑风·野有蔓草》:"有美一人,婉如清扬。"

[62]亢音:高其声。

[63]摅:抒发。 弘观:大观。

[64]绎:陈放。 精灵所束:精神被约束者。

[65]弛:放松。 纮张:崩紧的纮乐器。

[66]慢:轻慢。 末事之骫曲:作品为《舞赋》,故以歌唱之曲为末事。骫曲,委曲,曲意求全。

[67]恢炲(tái):广大的样子。 广度:宽广的胸怀。

[68]阔:恢阔。 细体:细枝末节。 苛缛:琐屑繁杂。

[69]嘉《关雎》:赞美《关雎》之诗。 不淫:《毛诗序》曰:《关雎》"忧在进贤,不淫其色"。

[70]哀:哀怜。 《蟋蟀》:《诗经》篇名,在《唐风》中。 局促:窘迫。唐国土瘠民贫,勤俭质朴。即《蟋蟀》篇所说"好乐无荒"也。

[71]启泰真:开启太极真气。 否(pǐ)隔:阻隔不通。谓舞蹈可以打通人与宇宙元气的阻隔。

[72]超遗物:超越遗弃之物。 度俗:跨过俗物俗事。

[73]扬激徵(zhǐ),骋清角:扬、骋皆谓演奏,徵、角均为五音之一,徵音激,角音清。

[74]舞操 :跳舞时伴奏的乐曲。

[75]均曲:五音协调之曲。

[76]形态和,神意协:谓舞者形神意态和谐优美。

[77]劫:急迫。

[78]蹑节:踩着节拍。 鼓陈:鼓点奏起来。

[79]舒意:舒展心情。 自广:自我广阔(心胸)。

[80]垠(yín):边界。

[81]始兴:刚开始起舞。
[82]俯仰来往:指舞者的动作。
[83]雍容:温雅大方。　惆怅:失意之状。
[84]为象:形容其状态。
[85]少:稍稍。　进:舞蹈推进。
[86]若翱若行:如同翱翔,如同前行。
[87]若竦若倾:像伸长脖子站立,又像斜立一旁。
[88]兀动:摇撼跳动。　赴度:追赶音乐的节奏。
[89]指顾:手指目顾。　应声:应和着乐曲之声。
[90]从风:顺风飘飞。
[91]交横:谓衣袖交接。
[92]骆驿:不断绝的样子。
[93]飒擖(yé):曲折貌。
[94]鶣鷅(piānpiāo):轻盈之状。　燕居:如同燕子落下,喻舞者体态之美。
[95]拉揩(tà):举起翅膀。　鹄(hú)惊:天鹅受惊起飞。
[96]绰约:体态柔美。　闲靡:娴雅美丽。闲,同"娴"。
[97]机迅:如弩机发箭般迅疾。
[98]姿态:做出……姿式。　绝伦:无与伦比的。
[99]怀:怀抱,怀着。　悫(què)素:坚贞质朴。　絜清:纯洁的情愫。絜同"洁"。
[100]修仪操:修饰仪容节操。
[101]驰思杳冥:思想驰骋游荡在极远的地方。
[102]汤汤(shāng):水势浩大的样子。
[103]容不虚生:舞容并不是随意生出的。
[104]明诗表指:舞者以动作体现了歌诗意思或旨意。指,通"旨"。
[105]喟息:叹息。喟,同"喟"。　激昂:感情激厉昂扬。
[106]志若秋霜:志气如同秋日霜花般洁白。
[107]诸工:诸乐师。　莫当:没有人可与相当。
[108]合场递进:全场依次上前。
[109]按次而俟:按照次序等待。
[110]埒(liè)材:比较才能。材,通"才"。　角妙:斗巧妙。
[111]夸容:美丽的容仪。
[112]轶(yì)态:飘逸的神态。轶,通"逸"。　横出:预料之外出现。
[113]瑰姿:美丽的姿容。　谲(jué)起:奇怪地产生。
[114]眄般鼓:斜视盘鼓。眄(miǎn),斜视;般鼓,同"盘鼓",一种调节舞曲的小鼓。　腾清眸:传送纯洁的眼神。
[115]吐哇咬:唱出民间小调。　发皓齿:露出洁白的牙齿。
[116]摘齐:使之整齐。
[117]经营:周旋往来。　切儗(nǐ):切合比拟。儗,比拟。谓舞者的一切动作都有所比拟。
[118]竦峙:耸立。
[119]击不致策:谓击鼓不送鼓槌。策,鞭子,指鼓槌。

[120]蹈不顿趾:跳舞不停趾尖。谓舞姿迅疾。
[121]翼尔:像长了翅膀一样。　悠往:一直向前。
[122]阉(yǎn):通"奄",忽然。　辍(chuò)已:停顿。
[123]回身还入:舞者回身旋入舞场。还,同"旋"。
[124]迫:快,迅捷。　急节:音乐繁急的节拍。
[125]浮腾:跳跃,轻举。　累跪:反复跪下。
[126]跗蹋(fūtà):脚尖踏地。　摩跌:摩擦脚掌。
[127]纡形远赴:弯曲身体有如要向远方。
[128]漼(cuǐ):同"摧",曲折。　摧折:折断。谓舞者弯曲身体,如同断折一般。
[129]纤縠(hú):纤细的绉纱,指舞衣。　蛾飞:翩翩然如同飞蛾一般。
[130]纷猋:纷杂迅飞。　若绝:好像断了。
[131]超逾:跳跃跨过。　鸟集:像飞鸟落下。
[132]纵弛:放松。　殟殁(wēnmò):舒缓之状。
[133]蜲蛇(wěiyí):连绵曲折的样子。　姌嫋(rǎnniǎo):柔软而绵长貌。
[134]云转:喻舞者如云彩翻转。　飘昒(hū):迅疾如风。昒,同"忽"。
[135]素蜺:白色的虹。
[136]黎收:缓慢停止舞蹈。黎,同"邌",缓慢。
[137]究毕:终于停止。
[138]迁延:后退。
[139]次列:次序,行列。
[140]怡悦:愉快喜悦。
[141]欢洽:欢快融洽。
[142]命遣:遣散。因是以君对臣,故曰"命"。
[143]扰躟就驾:纷纷攘攘上车。扰躟,争先恐后貌。
[144]正策:执策,操起马鞭。
[145]并狎:拥挤。
[146]龙从(lóngsǒng):聚集到一起。　逼迫:拥挤。
[147]良骏:良马。　逸足:快跑。
[148]跄(qiāng)捍:疾驰。　凌越:超过。
[149]龙骧:比喻马奔若龙之飞腾。　横举:放纵地飞跑起来。举,起来。
[150]扬镳(biāo):举起马口铁。　飞沫:马口中喷吐白沫。
[151]倾夺:倾轧争夺。
[152]逾埃:超越车马扬起的尘雾。　赴辙:追赶前车之辙迹。
[153]霆骇:喻其声响有如雷霆。　电灭:喻车奔迅疾,刹那即逝。
[154]跖地:踩地。　远群:远离了群马。
[155]阘跳:快速貌。
[156]宛足:回转不前。　郁怒:按足缓行,若怒气之郁滞不发。
[157]般桓:同"盘桓"。徘徊,滞留。
[158]后往先至:谓逸材之马后发而先至。往,前去。
[159]遂为逐末:超了一个又一个。

[160]矜容爱仪：容貌矜持，爱护仪表。

[161]洋洋习习：庄敬和调之貌。

[162]迟速承意：快慢顺承御者心意。

[163]骛骤相及：奔驰骤集相连。

[164]骆漠而归：骆驿纷漠地奔驰回去。

[165]云散城邑：如云彩飞散般回到城里。

[166]天王：大王。　燕胥：燕乐。胥，通"豫"，语出《诗经·大雅·韩奕》。

[167]不泆：不放纵。泆，通"逸"。

[168]娱神遗老：使精神欢快，忘记了老年。

[169]永生之术：长寿之道。

[170]优哉游哉：从容不迫的样子。

[171]永日：使寿命延长。

新评

傅毅的《舞赋》前面有一《序言》，该序对儒家的"放郑声"作了严厉的批判。指出休闲的日子应该容许人们的娱乐活动，而不应该老是板起面孔说教。这在当时是十分大胆的见解。

全篇又托为宋玉给襄王赋舞，这种假托古人的写法在汉代颇为流行，它说明时人对儒学控制的不满以及人们设法摆脱它的努力。

正文从舞者的姿态、服饰、表情、动作等方面写来，将舞妓写得十分可爱，这在当时也具有思想解放的意义。

最后写到歌舞结束之后的退场及回家，我们可以把它看作是全文的"尾声"，而此"尾声"又申足了《序文》之意。因而该作是汉赋里思想观点十分激进的一篇。

归田赋

张　衡

题解

张衡(78—139)，字平子，南阳西鄂(今河南南阳西北)人，东汉卓越的科学家和著名文学家。他创作了汉大赋中篇幅最长的《二京赋》，也创作了《思玄赋》、《归田赋》等名作，尤其是《归田赋》，是著名的抒情小赋，因而可以说，张衡是汉大赋转变为抒情小赋的代表人物。东汉后期，宦官当权，又崇尚图谶，张衡皆反对之，遂有归田之志。但张衡实未归田，不过假"归田"而言其志耳。

原文

游都邑以永久[1]，无明略以佐时[2]；徒临川以羡鱼[3]，俟河清乎未期[4]。感蔡子之慷慨，从唐生以决疑[5]。谅天道之微昧[6]，追渔父以同嬉[7]。超埃尘以遐逝[8]，与世事乎长辞[9]。

于是仲春令月[10]，时和气清；原隰郁茂[11]，百草滋荣[12]。王雎鼓翼[13]，仓庚哀鸣[14]；交颈颉颃[15]，关关嘤嘤[16]。于焉逍遥[17]，聊以娱情。

尔乃龙吟方泽，虎啸山丘[18]。仰飞纤缴，俯钓长流[19]。触矢而毙，贪饵吞钩[20]。落云间之逸禽，悬渊沉之鲨鰡[21]。

于时曜灵俄景[22]，继以望舒[23]。极般游之至乐[24]，虽日夕而忘劬[25]。感老氏之遗诫[26]，将回驾乎蓬庐[27]。弹五弦之妙指[28]，咏周、孔之图书[29]。挥翰墨以奋藻[30]，陈三皇之轨模[31]。苟纵心于物外[32]，安知荣辱之所如[33]！

注释

[1]游都邑：游宦于京城洛阳。　永久：时间很长。

[2]明略：明智的谋略。　佐时：辅佐国君。

[3]临川羡鱼：即“临流羡鱼”，面对河川羡慕别人打到了鱼儿。喻空怀佐国之愿望，而没有实际作为。

[4]俟河清：等待黄河澄清。古人以为黄河千年澄清时天下太平。　未期：没有期限。此句谓很难等到天下太平。

[5]蔡子：蔡泽。　慷慨：悲叹。蔡泽尝游学不遇，后找到唐举相面，唐举说：“吾闻圣人不相，殆先生乎？”决疑：解决疑难。二句谓自己对命运亦有所疑惑。

[6]谅天道：想来命运……。　微昧：神秘莫测。

[7]追渔父以同嬉：和渔父同乐吧。借用《楚辞·渔父》中屈原放逐后与渔父问答的故事说自己无可奈何，只好出世隐居。

[8]超埃尘以遐逝：离开污浊的人世远举。

[9]长辞：永别，谓决心归隐。

[10]仲春令月：美好的春季二月。

[11]原隰(xí)：高平与低平之地。

[12]滋荣：润泽茂盛。

[13]王雎(jū)：雎鸠，水鸟。

[14]仓庚：黄鹂。

[15]颉颃(xiéháng)：飞鸟或上或下地飞翔。

[16]关关：王雎鸣叫声。　嘤嘤：仓庚鸣声。

[17]于焉：于是乎。　逍遥：自在。

[18]尔乃：于是。　吟：叫。　方泽：大泽。

[19]纤缴(zhuó)：本指系在箭尾的细丝绳。此代指箭矢。　钓长流：在长河中钓鱼。

[20]触矢：遭遇箭矢。　贪饵：贪食鱼饵。

[21]落：射下。　悬：钓起。　鲨(shā)鰡(liú)：均为鱼名。

[22]曜灵：指太阳。　俄景：日影偏斜。

[23]望舒：神话中月亮的御手，此指月亮。

[24]般游：游玩，游乐。

[25]劬(qú):劳苦。

[26]老氏遗诫:老子告诫后人之语。《老子》十二章曰:"驰骋田猎,令人心发狂。"

[27]回驾:返车。　蓬庐:茅屋。

[28]五弦:五弦琴。　指:同"旨",意趣。

[29]周、孔图书:周公、孔子的图籍。

[30]翰:笔。　奋藻:挥笔写作。

[31]陈三皇之轨模:陈说伏羲、神农、黄帝时代的法则。

[32]苟纵心:只要放任感情。　物外:事物之外。

[33]所如:所向。

新评

这篇小赋表现了作者对宦官当权、政治黑暗、官场腐败的不满,抒发了作者企慕田园隐逸生活的感情,语言平易畅达,清新流丽,大不同于汉大赋的堆砌臃肿、壮丽繁富,是汉末抒情小赋的代表作,也开了抒情小赋的新格局。应该说,它对陶渊明的田园诗也有很大的影响。

刺世疾邪赋

赵　壹

题解

赵壹,字元叔,东汉汉阳西县(今甘肃天水)人,生卒年不详。为人性格孤傲,不为乡里所容,几死,赖友人营救解免。本篇即赵壹愤世疾俗情感的集中表现,体现了作者与浊世针锋相对、毫不妥协的立场。

原文

伊五帝之不同礼[1],三王亦又不同乐[2]。数极自然变化[3],非是故相反驳[4]。德政不能救世溷乱[5],赏罚岂足惩时清浊[6]?春秋时祸败之始[7],战国愈复增其荼毒[8]。秦汉无以相逾越[9],乃更加其怨酷[10]。宁计生民之命[11],唯利己而自足[12]。

于兹迄今[13],情伪万方[14]:佞谄日炽[15],刚克消亡[16]。舐痔结驷[17],正色徒行[18]。妪㛂名势[19],抚拍豪强[20]。偃蹇反俗[21],立致咎殃[22]。捷慑逐物[23],日富月昌[24]。浑然同惑[25],孰温孰凉[26]?邪夫显进[27],直士幽藏[28]!

原斯瘼之攸兴[29],实执政之匪贤[30]:女谒掩其视听兮[31],近习秉其威权[32]。所好则钻皮出其毛羽[33],所恶则洗垢求其瘢痕[34]。虽欲竭诚而尽忠[35],路绝崄而靡缘[36]。九重既不可启[37],又群吠之狺狺[38]。安危亡于旦夕[39],肆嗜欲于目前[40]。奚异涉海之失柂[41],积薪而待燃[42]。

荣纳由于闪揄[43]，孰知辨其蚩妍[44]！故法禁屈挠于势族[45]，恩泽不逮于单门[46]。宁饥寒于尧舜之荒岁兮[47]，不饱暖于当今之丰年。乘理虽死而非亡[48]，违义虽生而匪存[49]！

有秦客者[50]，乃为诗曰："河清不可俟[51]，人命不可延[52]。顺风激靡草[53]，富贵者称贤[54]。文籍虽满腹[55]，不如一囊钱[56]。伊优北堂上[57]，抗脏倚门边[58]。"鲁生闻此辞，系而作歌曰[59]："势家多所宜，咳唾自成珠[60]。被褐怀金玉[61]，兰蕙化为刍[62]。贤者虽独悟[63]，所困在群愚[64]。且各守尔分[65]，勿复空驰驱[66]。哀哉复哀哉，此是命矣夫！"

注释

[1]伊：发语词。 五帝：一般指黄帝、颛顼、帝喾、唐尧、虞舜。

[2]三王：通常指夏禹、商汤、周文王、周武王，是三代（夏、商、周）的开国之君。

[3]数：运数，气数。 极：到了极点、顶点。

[4]非是："非"与"是"。 故：本来。 反驳：同"反驳"，相反，排斥。

[5]溷乱：溷浊与混乱。

[6]岂足：怎能足以。 惩时：惩戒时代。

[7]时：同"是"，这。

[8]愈复：更加。 荼（tú）毒：指残酷。荼，苦菜；毒，毒物。

[9]逾越：超越。

[10]怨酷：怨恨残酷。

[11]宁计：哪里考虑。 生民：老百姓。

[12]唯利己：只图对自己有利。 自足：自己满足。

[13]兹：此，指春秋时期。

[14]情伪：真情与诈伪。 万方：各种各样，谓弊害极多。

[15]佞谄：投机取巧与巴结奉承。 日炽：一天天兴盛。

[16]刚克：刚强正直的品德。

[17]舐痔：舔痔疮。 结驷：乘坐四匹马拉的车子。

[18]正色：指正直的士子。 徒行：徒步行走。

[19]妪媀（yùqǔ）：卑躬曲节地对待。

[20]抚拍：亲抚与拍马的样子。

[21]偃蹇（jiǎn）：高傲的样子。 反俗：与世俗相反。

[22]立致：立刻招致。 咎殃：灾祸。

[23]捷慑：敏捷地惧怕权势。 逐物：追逐名利。

[24]昌：兴旺。

[25]浑然：不辨是非。 同惑：一起糊涂。

[26]孰温孰凉：哪个温，哪个凉呢？温、凉，喻指是非、好坏。

[27]邪夫：奸邪之人。 显进：显达，高升。

[28]直士：正直之人。 幽藏：隐退，埋没。

[29]原：追究。 斯瘼（mò）：此病。 攸兴：所兴，即所以兴起的原因。攸，所。

[30]匪贤：不贤良。不是贤良之人。
[31]女谒(yè)：宠妃与宦官。　掩：遮蔽。
[32]近习：接近皇帝、亲近皇帝的人。　秉威权：握持权力。
[33]所好(hào)：所爱好者。　钻(zuàn)皮：喻千方百计寻找。
[34]所恶(wù)：厌恶的人。　洗垢求瘢：喻吹毛求疵，无中生有。
[35]竭诚尽忠：竭尽所能，献纳忠诚。
[36]绝嶮：同"绝险"，特别艰险。　靡缘：不可攀援。
[37]九重：喻指君门。　启：打开。
[38]狺狺(yīn)：犬吠声。
[39]安危亡于旦夕：一时之间安然面对危亡。
[40]肆嗜欲：放纵贪欲。
[41]奚异：哪有什么不同。　涉海失柂：要渡过大海却没有船舵。柂，同"舵"。
[42]积薪：堆积柴草。
[43]荣纳：受宠荣，被接纳。　闪揄(yú)：佞邪貌。
[44]蚩妍(chíyán)：丑与美，蚩，同"媸"。
[45]法禁：法律禁令。　屈挠：屈折。比喻遭到破坏。
[46]恩泽：恩惠。　逮：及。
[47]宁：宁可，宁愿。　荒岁：荒年。
[48]乘理：顺理，得理。
[49]匪存：不存在，谓死亡。
[50]秦客：同于下文的"鲁生"，皆作者假托的人物。
[51]俟：等待。
[52]延：长。
[53]激靡草：吹动细小的草。比喻趋炎附势。
[54]称贤：被称为贤达。
[55]文籍满腹：满肚子学问。
[56]囊：口袋。
[57]伊优：逢迎谄媚貌。　北堂：面南之房屋，富贵者所居。
[58]抗脏：刚直之人。　倚门边：谓不得进身。
[59]系：接着。
[60]咳唾自成珠：唾沫也自成珍珠，喻得势者总有人抬举。
[61]被(pí)褐：穿粗布衣裳的人。　怀金玉：怀抱金玉，喻其有德有才。
[62]兰蕙化刍：香草也变成了喂牲口的杂草。
[63]独悟：独自觉醒。
[64]群愚：众多愚蠢的人。
[65]分(fèn)：本分，命运。
[66]空驰驱：白白奔走。

新评

该赋表现了作者对当代社会的极端不满与批判。文章先从历史的比较入手，谓

"秦汉"时代是比"春秋""战国"更加怨酷的社会。接着揭露了该社会的种种丑恶现象,又寻找到社会腐败的根源是"执政匪贤"。是"女谒"和"近习"蒙蔽君王、"秉其威权"造成的,这就说到了东汉后期腐败政治的要害之处。最后,作者表示了与此社会"誓不两立"的态度。可惜他又拿"命运"来搪塞,表现了封建文人反封建难以彻底的性质。

在艺术上,该赋不论是揭示社会病态,还是寻找根源、表示态度都运用对比手法,列举贤愚、好丑的不同状况,表现了作者的爱憎态度。文章末尾的"秦客"、"鲁生"则是汉赋中常用的假托人物,他们的态度应是作者观念的延伸。还有,本赋感情愤激,语言质直,在"歌功颂德"盛行的汉代,是十分少见的批判性篇章。

述行赋

蔡　邕

题解

蔡邕(132—192)是东汉后期的辞赋大家,字伯喈,陈留圉(今河南杞县)人。他身处宦官当政的东汉后期,虽然官居议郎,但仍不免被害,曾被贬徙于朔方。本篇是东汉桓帝延熹二年作者从陈留赴洛阳途中表述见闻和感想的作品。正面揭露了社会矛盾和朝政的腐败。比班彪的《北征赋》有更多的抒情成份和关注现实的内容。

原文

延熹二年秋[1],霖雨逾月[2]。是时梁冀新诛[3],而徐璜、左悺等五侯擅贵于其处[4]。又起显阳苑于城西,人徒冻饿[5],不得其命者甚众[6]。白马令李云以直言死[7],鸿胪陈君以救云抵罪[8]。璜以余能鼓琴,白朝庭[9],敕陈留太守发遣余[10],到偃师[11],病不前,得归。心愤此事,遂托所过,述而成赋。

余有行于京洛兮[12],遘淫雨之经时[13]。涂迍邅其蹇连兮[14],潦污滞而为灾[15]。乘马蟠而不进兮[16],心郁悒而愤思[17]。聊弘虑以存古兮[18],宣幽情而属词[19]。

夕宿余于大梁兮[20],诮无忌之称神[21]。哀晋鄙之无辜兮[22],忿朱亥之篡军[23]。历中牟之旧城兮[24],憎佛肸之不臣[25]。问宁越之裔胄兮[26],藐仿佛而无闻[27]。

经圃田而瞰北境兮[28],悟卫康之封疆[29]。迄管邑而增感叹兮[30],愠叔氏之启商[31]。过汉祖之所隘兮[32],吊纪信于荥阳[33]。

降虎牢之曲阴兮[34],路丘墟以盘萦[35]。勤诸侯之远戍兮[36],侈申子之美城[37]。稔涛涂之愎恶兮,陷夫人以大名[38]。登长坂以凌高兮,陟葱山之峣陉[39];建抚体以立洪高兮[40],经万世而不倾。回峭峻以降阻兮,小阜寥其异形[41]。冈岑纡以连属兮,溪谷夐其杳冥[42]。迫嵯峨以乖邪兮,廓岩壑以峥嵘[43]。攒棫朴而杂榛楛兮[44],被浣濯而罗生[45]。布蘴茇与台菌兮[46],缘层崖而结茎。行游目以南望兮,览太室之威灵[47]。顾大河于北垠兮,瞰洛汭之始并[48]。追刘定之攸仪兮[49],美伯禹之所营[50]。悼太康之失位兮[51],愍五子之歌声[52]。

寻修轨以增举兮[53],邈悠悠之未央[54]。山风汩以飙涌兮[55],气慄慄而厉凉[56]。云郁郁而四塞兮[57],雨濛濛而渐唐[58]。仆夫疲而劬瘁兮[59],我马虺隤以玄黄[60]。格莽丘而税驾兮[61],阴曀曀而不阳[62]。

哀衰周之多故兮[63],眺濒隈而增感[64]。忿子带之淫逆兮,唁襄王于坛坎[65]。悲宠嬖之为梗兮[66],心恻怆而怀惨。

乘舫舟而溯湍洛兮[67],浮清波以横厉。想宓妃之灵光兮[68],神幽隐以潜翳[69]。实熊耳之泉液兮[70],总伊瀍与涧濑[71]。通渠源于京城兮,引职贡乎荒裔[72]。操吴榜其万艘兮[73],充王府而纳最[74]。济西溪而容与兮,息巩都而后逝[75]。愍简公之失师兮,疾子朝之为害[76]。

玄云黯以凝结兮,集零雨之溱溱[77]。路阻败而无轨兮,涂泞溺而难遵[78]。率陵阿以登降兮[79],赴偃师而释勤[80]。壮田横之奉首兮,义二士之侠坟[81]。伫淹留以候霁兮[82],感忧心之殷殷[83]。并日夜而遥思兮,宵不寐以极晨[84]。候风云之体势兮,天牢湍而无文[85]。弥信宿而后阕兮[86],思逶迤以东运[87]。见阳光之颢颢兮[88],怀少弭而有欣[89]。

命仆夫其就驾兮[90],吾将往乎京邑。皇家赫而天居兮[91],万方徂而星集[92]。贵宠煽以弥炽兮,佥守利而不戢[93]。前车覆而未远兮,后乘驱而竞及。穷变巧于台榭兮[94],民露处而寝湿。消嘉谷于禽兽兮,下糠粃而无粒[95]。弘宽裕于便辟兮[96],纠忠谏其骎急[97]。怀伊吕而黜逐兮[98],道无因而获入。唐虞渺其既远兮,常俗生于积习[99]。周道鞠为茂草兮[100],哀正路之日涩[101]。

观风化之得失兮,犹纷挐其多违[102]。无亮采以匡世兮[103],亦何为乎此畿[104]?甘衡门以宁神兮[105],咏都人而思归[106]。爰结踪而回轨兮[107],复邦族以自绥[108]。

乱曰:跋涉遐路,艰以阻兮。终其永怀[109],窘阴雨兮。历观群都,寻前绪兮[110]。考之旧闻,厥事举兮[111]。登高斯赋,义有取兮[112]。则善戒恶[113],岂云苟兮?翩翩独征,无俦与兮[114]。言旋言复,我心胥兮[115]。

注释

[1]延熹二年:公元159年,延熹为东汉桓帝的年号(158—167),历十年。

[2]霖雨:久下不停的雨。

[3]梁冀:汉桓帝梁皇后之兄,以扶立桓帝有功,势位显赫。

[4]五侯:指宦官徐璜、左悺、单超、具瑗、唐衡。因杀梁冀有功,同日封侯。

[5]显阳苑:宫苑名,在洛阳。　人徒:供役使的人。

[6]不得其命:谓横死者,指被冻饿、受疲困而死者。

[7]李云:字行祖,为白马县(在今河南滑县东北)令,被捕下狱而死。

[8]陈君:指陈蕃,时任大鸿胪。

[9]白:禀报。

[10]敕(chì):皇帝的命令。 陈留:东汉郡名,为蔡邕故乡。 发遣余:派遣我。

[11]偃师:地名,在今河南偃师县。

[12]京洛:东京洛阳。

[13]遘淫雨:遭遇久雨不晴。

[14]涂(tú):道路。 迍邅(zhūnzhān):路上艰难。 蹇连:难行。

[15]潦污:积水。 滞(zhì):不流。

[16]蟠:盘旋不前。

[17]郁悒(yì):忧愁苦闷。

[18]弘虑:扩大思绪。 存古:存想古昔,追思古昔。

[19]宣幽情:抒发深情。 属(zhǔ)词:写文章,即写作此赋。

[20]大梁:战国魏的都城,今河南开封。

[21]诮无忌:讥笑信陵君魏无忌。 称神:被人推崇。

[22]晋鄙:战国魏的将军,被朱亥击杀。 无辜:无罪。

[23]朱亥:信陵君所养士子。他击杀晋鄙,夺其军前去救赵。

[24]中牟:汉县名,在今河南中牟县境。

[25]佛肸(bìxī):春秋时晋国大夫赵简子的中牟县宰,后据中牟以叛赵氏,故下文曰其“不臣”。

[26]宁越:战国时中牟人,刻苦好学。 裔胄:后代子孙。

[27]藐:遥远。

[28]圃田:古泽名,在中牟之西。其北境为卫康叔封地。

[29]卫康:卫康叔,周武王的同母弟,为卫国始封君。

[30]迄管邑:到了周武王胞弟管叔的封地。管邑,在今河南郑州一带。

[31]愠:怒。 叔氏:指管叔和蔡叔,二人同为周成王叔父。 启商:启发商人反叛。武王灭商后,命管叔、蔡叔监督商民,管、蔡却与商之遗民武庚一起叛周,卒为周公剿灭。

[32]汉祖所隘:汉高祖遭遇困厄之处。

[33]纪信:汉将。楚汉战争时,刘邦被困于荥阳,纪信佯为刘邦降项羽,使高祖得脱,后项羽焚死纪信。

[34]虎牢:古成邑名,在荥阳附近。 曲阴:曲回的山路,迂曲的小道。

[35]丘墟:山陵。 盘萦:盘绕曲折。

[36]勤诸侯远戍:以各诸侯国的军队远戍为勤。春秋时齐桓公率领诸侯联军攻打蔡国和楚国,先驻扎在陉地,又驻扎在召陵,逼迫楚国承认了齐桓公的霸主地位。

[37]侈申子之美城:以郑国的申侯大修城池为侈。陈国大夫辕涛涂为了报复郑国的申侯,故意劝申侯把城垣修得很美,却又诬其想要叛变,使申侯被杀。

[38]稔涛涂:同“谂涛涂”,“念涛涂”。即上文所述辕涛涂。 愎恶:刚愎可恶。 夫人:那个人。以上事见《左传》僖公四年、五年及七年。

[39]长坂:大坡。 葱山:山名,在今河南巩县。 峣陉(yáoxíng):高峻的山坡,高耸的断崖。

[40]抚体:安抚体恤。 立洪高:树立高尚的节操。

[41]回:盘旋而上。 小阜寥:以土山和空旷之处为小。

[42]冈岑:小山峦。 纡以连属(zhǔ):纡曲而相连。 敻(xiòng):深远。 杳冥:阴暗。

[43]乖邪:同“乖斜”。改变形状。廓:空阔。　峥嵘:深险貌。

[44]棫(yú):柞木。　朴:一种落叶灌木。　榛楛(hù):两种灌木。

[45]被浣濯:蒙受雨露之润泽、洗濯。　罗生:排列生长。

[46]蘠:同“蘼”,即蔷薇。　菼(tǎn):一种芦苇。　台:同“苔”。

[47]太室:太室山,代指嵩山。

[48]洛汭(ruì):洛水与黄河汇合处。汭,小水注入大水。

[49]刘定:刘定公,春秋时周朝的大夫。　攸仪:所向往。

[50]伯禹:大禹。

[51]太康:传为大禹之孙,因放纵田猎,长期不归,以致失国。

[52]愍:同“悯”,哀怜。　五子之歌:太康荒淫,其弟五观(即“五子”)在洛汭作歌以示警戒。

[53]修轨:长路。　增举:车马加倍赶路。

[54]未央:未尽。

[55]汩(gǔ):本为水势迅疾,引申为迅疾。　飙:疾风。

[56]懆懆(cǎo):愁惨之状。　厉凉:寒凉。

[57]郁郁:郁结。

[58]渐:浸。　唐:通“塘”,堤岸。

[59]劬瘁:劳累。

[60]虺隤(huītuí):疲极而病。　玄黄:原指马的毛色改变,此指累病。语出《诗经·周南·卷耳》。

[61]格:至。　莽丘:丛草所生之土丘。　税驾:停车。

[62]曀曀(yī):阴晴之状。　不阳:无日光。

[63]衰周:指东周。　多故:多有变故。

[64]濒隈:水边弯曲之地。

[65]忿子带之淫逆:周惠王子太子郑与王子带争王位,太子郑得位,子带出奔,后返国,与襄王之后隗氏通,逐襄王,襄王出奔坎欲。　坛坎:即坎欲。在今河南巩县附近。

[66]宠嬖:受宠爱的人,此指子带。　为梗:为祸,作害。

[67]舫舟:小船。　溯湍洛:从湍急的洛水里逆流而上。

[68]宓妃:洛水女神。本系伏羲氏之女,因溺死于洛水,遂为洛水女神。

[69]潜翳:悄悄隐藏。

[70]熊耳:山名,洛水发源处。

[71]总:汇聚。　伊、瀍、涧:皆河水名。　濑:急流。

[72]职贡:各地按时朝贡的物品。　荒裔:遥远的地方。

[73]吴榜:船桨。

[74]纳最:交纳集中起来的贡品。最,聚合。

[75]济:渡过。　容与:似进不进貌。　巩都:周卿士巩简公的封邑。

[76]“愍简公”二句:周秦王死后,庶子朝与王子猛争位,子猛即位,伐子朝,巩简公为王党,败绩。后得晋国援救,乃逐子朝。　疾,痛恨。

[77]溱溱(zhēn):雨水盛大。

[78]泞溺:道路泥泞而充满积水。

[79]率:沿着。　陵阿:高突之地。　登降:或上或下。

[80]释勤:解除勤苦,指可以休息。

[81]"壮田横"二句:汉高祖刘邦灭齐后,齐王田横逃至海岛。高祖招之,横不得已率二士赴洛,未至自杀。二士奉横首级见高祖,高祖礼葬之。事毕,二士掘坟于横墓旁皆自杀。"壮"、"义"皆用为动词。

[82]候霁(jì):等候天晴。

[83]殷殷:深沉。

[84]极晨:直到早晨。极,到。

[85]候:观察。 体势:气象变化的形势。 牢湍:阴沉坚牢而雨势盛大。 无文:乌云阴密没有裂纹。

[86]弥信宿:满两夜。 阕:停止,指雨息。

[87]思逶迤:思绪缓缓移动。 东运:转向东方。

[88]颢颢:同"皓皓",光明貌。

[89]怀少弭:愁思稍稍缓解。

[90]就驾:赶车。

[91]赫:显赫。 天居:居于天上。

[92]徂(cú):往。 星集:喻万方归向。

[93]佥守利而不戢:全都贪图利益而不停止。

[94]穷变巧于台榭:在台榭建筑方面用尽机巧。

[95]下:民众。

[96]便辟:佞巧谄媚之人。辟,通"嬖"。

[97]纠:纠察,纠弹。 骎(qīn):急迫。

[98]怀伊吕:即使怀抱伊尹、吕望之才。 黜逐:贬黜驱逐。

[99]积习:积累的习尚,指社会风气。

[100]周道:大道。 鞠:困穷。

[101]日涩:一天天地不通畅了。

[102]纷挐(rú):纷乱。

[103]亮采:匡时济世的能力。

[104]畿(jī):京郊。

[105]衡门:横木为门,喻门庭卑陋。语出《诗经·陈风·衡门》。

[106]咏都人:吟咏着《诗经·小雅》的《都人士》。《诗集传》曰,该诗系乱离之后,感叹不见昔日都邑之盛、人物之美之作。

[107]爰:于是。 结踪:结束游踪。 回轨:回车。

[108]自绥:自安。

[109]永怀:深长的忧伤。

[110]群都:指上文所述的城镇。 前绪:前人所经历的事情。

[111]厥事举:其事不诬。

[112]斯赋:即"赋斯",歌咏这些事情,写这些事情。 义有取:有所寄托。

[113]则善戒恶:以善为法则,戒除恶习。

[114]俦与:伴侣。与,同类。

[115]胥:同"须",等待。谓等待回去的一天。

新评

本赋先歌咏了作者从家乡陈留至偃师一路所见的古迹,表现了他对下列人员的憎恨：诛杀朱亥的晋鄙，挟武庚叛周的管叔、蔡叔，以谄邪之计害死申信的辕涛涂，荒淫失国的太康及淫逸的子带与为害朝政的子朝等人，这一系列古事象征东汉后期外戚与宦官集团杀过来杀过去的腐败淫侈。后半部分则针对现实问题议论置评，表现了作者对社会不公的尖锐不满。这一切说明作者是一位有血性、有正义感的人，是腐败政治的严厉批判者。作品的写法基本同于刘歆的《遂初赋》和班彪的《北征赋》，但由于有更强的观点针对性和更大的抑郁愤懑，因而思想与艺术境界更高。

鹦鹉赋

祢　衡

题解

祢衡(173—198)，字正平，平原般(今山东德平)人，汉末辞赋家。祢为人刚直善辩，恃才傲物，对权贵多有侮慢。建安初，为曹操鼓吏，尝因当众击鼓骂曹得罪，被送与荆州刘表。又不为所容，转送江夏黄祖。黄祖长子黄射得一鹦鹉，命祢衡赋之，遂有此篇。

原文

惟西域之灵鸟兮[1]，挺自然之奇姿。体金精之妙质兮[2]，合火德之明辉[3]。性辩慧而能言兮[4]，才聪明以识机。故其嬉游高峻[5]，栖跱幽深[6]。飞不妄集[7]，翔必择林。绀趾丹觜[8]，绿衣翠衿[9]。采采丽容[10]，咬咬好音[11]。虽同族于羽毛[12]，固殊智而异心[13]。配鸾皇而等美[14]，焉比德于众禽？

于是羡芳声之远畅[15]，伟灵表之可嘉[16]；命虞人于陇坻[17]，诏伯益于流沙[18]；跨昆仑而播弋[19]，冠云霓而张罗[20]。虽纲维之备设[21]，终一目之所加[22]。且其容止闲暇[23]，守植安停[24]；逼之不惧，抚之不惊；宁顺从以远害，不违忤以丧生[25]。故献全者受赏，而伤肌者被刑[26]。

尔乃归穷委命[27]，离群丧侣；闭以雕笼，翦其翅羽[28]；流飘万里[29]，崎岖重阻[30]；逾岷越障[31]，载离寒暑[32]。女辞家而适人[33]，臣出身而事主；彼贤哲之逢患[34]，犹栖迟以羁旅[35]。矧禽鸟之微物[36]，能驯扰以安处[37]！眷西路而长怀[38]，望故乡而延伫[39]。忖陋体之腥臊[40]，亦何劳于鼎俎[41]？

嗟禄命之衰薄[42]，奚遭时之险巇[43]？岂言语以阶乱[44]？将不密以致危[45]？痛母子之永隔，哀伉俪之生离[46]。匪馀年之足惜[47]，慜众雏之无知[48]。背蛮夷之下国[49]，侍君子之光仪[50]。惧名实之不副，耻才能之无奇。羡西都之沃壤[51]，识苦乐之异宜[52]。怀代越之悠思[53]，故每言而称斯。

若乃少昊司辰，蓐收整辔[54]。严霜初降，凉风萧瑟。长吟远慕[55]，哀鸣感类[56]。音声凄以激扬，容貌惨以憔悴。闻之者悲伤，见之者陨泪[57]。放臣为之屡叹[58]，弃妻为之歔欷[59]。

感平生之游处[60]，若壎篪之相须[61]；何今日之两绝，若胡越之异区[62]？须笼槛以俯仰[63]，窥户牖以踟蹰；想昆山之高岳[64]，思邓林之扶疏[65]；顾六翮之残毁[66]，虽奋迅其焉如[67]？心怀归而弗果[68]，徒怨毒于一隅[69]。苟竭心于所事[70]，敢背惠而忘初[71]？托轻鄙之微命，委陋贱之薄躯；期守死以报德[72]，甘尽辞以效愚[73]；恃隆恩于既往，庶弥久而不渝[74]。

注释

[1]西域：西方之地，指陇山，传鹦鹉出自陇山。

[2]金精：古人以五行与五方、五色相配，西方属金，色白，此谓鹦鹉身上有白色羽毛，故谓之。

[3]火德：参看上注，谓鹦鹉之喙为红色。

[4]辩慧：有口才且十分聪明。

[5]嬉游高峻：在高山上嬉戏。

[6]栖跱(zhì)幽深：在幽深的山谷里栖息、站立。

[7]妄集：随便停歇。

[8]绀(gàn)趾丹觜：青中带红的脚趾，红色的鸟喙。“觜”，同“嘴”。

[9]衣、衿：俱指鹦鹉的羽毛。

[10]采采：鲜明的样子。

[11]咬咬(jiāo)：鸟鸣声。

[12]同族：同一族类。

[13]殊智：智力大不相同。

[14]鸾皇：鸾鸟与凤凰。皇，同“凰”。

[15]芳声远畅：美名远播。

[16]灵表可嘉：美好的外表值得赞美。

[17]虞人：古代掌管山泽禽兽的官吏。 陇坻：即陇山，在今甘肃。

[18]伯益：古人名，舜帝时任为虞人。 流沙：指西方之地。

[19]播弋(yì)：多射尾端有丝绳的箭。

[20]冠云霓：笼罩云霓。 张罗：张网。

[21]纲维：网上的大绳。

[22]一目：一个网眼。

[23]容止：仪容举止。

[24]守植：立志。 安停：稳定。

[25]违忤：违背。 丧生：丢掉性命。

[26]被刑：受刑。

[27]尔乃：辞赋体文章段落间的转折连词。 归穷委命：归于困窘之境，听任天命。指鹦鹉被捕后任人处置的状况。

[28]翦：剪掉。

[29]流飘:流转飘移,谓迁徙。
[30]崎岖重阻:道路不平,重重险阻。
[31]逾岷越障:跨过岷山,越过障山。岷山在川甘交界处,障山在甘肃西部。
[32]载:发语词,无实义。　离寒暑:遭受寒冷与酷热。离,通“罹”,遭受。
[33]适人:嫁人。喻鹦鹉的遭际。
[34]逢患:遭祸。
[35]犹:尚且。　栖迟:停留。　羁旅:滞留在外。
[36]矧(shěn):何况。
[37]驯扰:驯顺。
[38]眷西路:留恋西来之路。
[39]延伫(zhù):长久站立等待。
[40]忖:暗想。　腥臊:味道不好。
[41]鼎俎:大锅与案板,皆烹饪器具。
[42]嗟:叹。　禄命衰薄:命苦福薄。
[43]奚:何以。　险巇:险恶。
[44]阶乱:引起祸乱。语出《周易·系辞上》:“乱之所生,则言语以为阶。”
[45]不密:泄露秘密。
[46]伉俪(kànglì):夫妻。
[47]匪:同“非”,不是。
[48]愍(mǐn):同“悯”,哀怜。　众雏:诸多小鹦鹉。
[49]背:离。　蛮夷之下国:鹦鹉称自己的故乡。
[50]光仪:光彩仪表。
[51]西都:指长安。
[52]异宜:不同的状况,谓有苦有乐。
[53]代越:胡地与越地,北方与南方。　悠思:长久的思念。
[54]少昊(shàohào)、蓐收:传为主宰秋季第一月的两个神。　整辔:驾车。喻车马不断前进。
[55]慕:思念。
[56]感类:感念同类。
[57]陨泪:掉泪。
[58]放臣:放逐的大臣。
[59]歔欷(xūxī):抽泣。
[60]游处:指同游共处的伙伴。
[61]埙篪(xūn chí):陶制与竹制的乐器。　相须:相待,指彼此应和。
[62]胡越:胡地与越地,借指北方与南方。
[63]笼槛:鸟笼与栅栏。饲养禽畜的地方。
[64]昆山之高岳:昆仑山的高峰。
[65]邓林:指森林。　扶疏:繁茂。
[66]顾六翮:回看翅翼。翮(hé),羽茎。《说苑》:“鸿鹄高飞远翔,其所恃者六翮也。”　残毁:毁坏,损毁。
[67]奋迅:奋翅迅飞。　焉如:到哪里。如,去,往。
[68]弗果:没有结果。

[69]徒怨毒:白白地怨恨。

[70]苟:聊且,暂且。 所事:所事奉的主人。

[71]背惠:背弃恩惠。

[72]期:希望。

[73]甘:甘愿,甘心于。 效愚:献纳忠诚。

[74]庶:希望。 弥久:历久。 渝:改变。

新评

本赋先写离开故地的鹦鹉的外貌,次写其内心的感受:主要表现它被人捕获后远离故地的愁苦以及在秋季萧瑟凄凉环境中的可怜等。最后写它不得不效命于主人的诚谨。通篇使用了双关的手法,表面上写鹦鹉,实际上是写封建社会里为主子效命的文人。如赋文写鹦鹉的外貌不凡,辩慧卓异,堪与鸾皇匹敌等,实是表现自己的美德;写鹦鹉在秋日的悲凄等,也是表现自己生逢乱世、漂泊沦落、寄人篱下的痛苦;后来写鹦鹉不敢背惠忘初、尽辞效愚等情节也是表现自己不得不忠于职守、为主人尽力的悲哀等。因而它是通过对所赋对象的描写,抒发自己感受的佳篇。

登楼赋

王　粲

题解

王粲(177—217),字仲宣,山阳高平(今山东邹县)人,汉末辞赋家,是著名的"建安七子"之首。在东汉末年军阀割据,一片混乱的年代,王粲到荆州依附刘表,但刘表并不符合作者的理想,因而作者怀念故土,登上荆州当阳城楼眺望北方,有感而作,表现了作者怀才不遇的苦恼。

原文

登兹楼以四望兮[1],聊暇日以销忧[2]。览斯宇之所处兮[3],实显敞而寡仇[4]。挟清漳之通浦兮[5],倚曲沮之长洲[6]。背坟衍之广陆兮[7],临皋隰之沃流[8]。北弥陶牧[9],西接昭丘[10]。华实蔽野[11],黍稷盈畴[12]。虽信美而非吾土兮[13],曾何足以少留[14]!

遭纷浊而迁逝兮[15],漫逾纪以迄今[16]。情眷眷而怀归兮[17],孰忧思之可任[18]!凭轩槛以遥望兮[19],向北风而开襟[20]。平原远而极目兮[21],蔽荆山之高岑[22]。路逶迤而修迥兮[23],川既漾而济深[24]。悲旧乡之壅隔兮[25],涕横坠而弗禁[26]。昔尼父之在陈兮[27],有"归欤"之叹音[28]。钟仪幽而楚奏兮[29],庄舄显而越吟[30]。人情同于怀土兮[31],岂穷达而异心[32]!

惟日月之逾迈兮[33]，俟河清其未极[34]。冀王道之一平兮[35]，假高衢而骋力[36]。惧匏瓜之徒悬兮[37]，畏井渫之莫食[38]。步栖迟以徙倚兮[39]，白日忽其将匿[40]。风萧瑟而并兴兮[41]，天惨惨而无色[42]。兽狂顾以求群兮[43]，鸟相鸣而举翼[44]。原野阒其无人兮[45]，征夫行而未息[46]。心凄怆以感发兮[47]，意忉怛而憯恻[48]。循阶除而下降兮[49]，气交愤于胸臆[50]。夜参半而不寐兮[51]，怅盘桓以反侧[52]。

注释

[1]兹楼：此楼。

[2]聊：姑且。　暇日：闲暇日。　销忧：消解忧愁。

[3]斯宇：此楼的房檐，即当阳城楼的房檐。

[4]显敞：明亮宽敞。　寡仇：少有匹敌。

[5]挟：带。　清漳：清澈的漳河水道。　浦：大小水流交汇之处。

[6]倚曲沮(jū)：靠着弯曲的沮水。　洲：水中的陆地稍大者。

[7]坟衍：高地为坟，平地为衍。　广陆：宽广的陆地。

[8]皋隰(xī)：水边高地与低湿之地。　沃流：可以灌溉田地的水流。

[9]弥：终，到达。　陶牧：陶朱公(春秋越国之范蠡)坟丘的郊野。

[10]昭丘：楚昭王的坟墓。

[11]华实：花果。　蔽野：遮蔽原野，遍野都是。

[12]黍稷：指庄稼。黍，一年生草本植物，果实去皮后叫黄米，煮熟后发粘；稷(jì)，与黍同类，其米不黏。盈畴：充满了田地。

[13]信美：的确很好。　吾土：我的故乡。

[14]曾：居然。　何足以：怎么能够。　少留：稍事停留。

[15]纷浊：纷乱污浊的时代。　迁逝：迁徙流亡。

[16]漫：长时间。　逾纪：超过十二年。

[17]眷眷：恋念的样子。　怀归：想回家。

[18]孰：谁。　忧思可任：可以担当如此的忧愁。

[19]凭轩槛：靠着楼上的栏杆。

[20]向：对着。　开襟：解开衣襟。

[21]极目：用尽目力向远处眺望。

[22]荆山：山名，在楚地，即今湖北南漳县。　高岑(cén)：高而小的山岭。

[23]逶迤：长远而曲折貌。　修迥(jiǒng)：长远。

[24]川漾：河川长。　济：渡口。

[25]旧乡：故乡。　壅隔：阻塞隔绝。

[26]涕横坠：眼泪杂乱地坠落。　弗禁：难以止住。

[27]尼父：孔子。　在陈：周游列国时到了陈国。

[28]归欤：回去吧。孔子在陈国绝粮，叹息道："归欤！归欤！"

[29]钟仪：春秋时的楚国人。　幽：囚禁。钟仪为楚之乐官，被晋国俘虏。　楚奏：奏出楚国的乐曲。晋侯曾叫钟仪弹琴，他弹出的仍是楚国的乐曲。

[30]庄舄(xì)：春秋时越国人，他在楚国为官，十分显达。　越吟：庄舄在病中的呻吟声仍然是越国的声调。

[31]怀土:思念故乡。

[32]穷达:失意与得意,仕途困窘与顺利。

[33]惟:语首助词。 日月逾迈:时光流转。

[34]俟河清:等待黄河澄清,古人以为黄河澄清时天下太平。 未极:达不到。

[35]冀:期望。 王道一平:王政统一稳定。

[36]假高衢:借大路。 骋力:施展才能。

[37]匏瓜徒悬:孔子曾用匏瓜徒悬比喻自己不为世用。此处喻指自己白白活着。

[38]井渫(xiè)莫食:掏了井以后没有人取水食用。喻自己修身洁体却不为时君所用。《周易·井》:"井渫不食,为我心恻。"

[39]栖迟:停停走走。 徙倚:行止不定貌。

[40]匿(nì):隐藏。此句谓太阳将要落在山后。

[41]萧瑟:风吹草木发出的声音。 并兴:风从四面吹起。

[42]惨惨:暗淡无光貌。

[43]狂顾:仓皇地左顾右盼。

[44]举翼:振翅欲飞。

[45]阒(qù):寂静。

[46]征夫:赶路的人。

[47]凄怆:悲伤。 感发:感伤触发。

[48]忉怛(dāodá):悲痛。 憯恻(cǎncè):忧伤。

[49]阶除:台阶。

[50]交愤:夹杂着悲愤。 胸臆:胸腔。

[51]参半:过了一半。 不寐:没有入睡,失眠。

[52]盘桓:徘徊。 反侧:翻来覆去。

渐评

此赋是作者避董卓之乱流亡荆州时的作品。它先写登楼所见,次写思乡之感,最后抒发身世之感。登楼的目的是"销忧",但却增加了忧伤,写法荡气回肠,颇具诗味。赋的语言自然流畅,感情朴实真挚,脱尽了汉大赋铺陈堆砌的陋习,表现了抒情小赋在建安时代的成熟,因此成了抒情小赋的代表作,而"王粲登楼"也就成了"思念故乡"或"怀才不遇"的典故。

洛神赋

曹 植

题解

曹植(192—232),字子建,沛国谯县(今安徽亳县)人,系曹操的三子,因曹丕惧其争权而颇受猜疑,直至其侄曹叡即位仍受猜忌。文帝(曹丕)黄初三年,他到洛阳朝拜皇帝,返还封地渡洛水时写下了这篇作品,抒发了曹植忠于王室与效忠不得的苦闷。

【原文】

黄初三年[1]，余朝京师[2]，还济洛川[3]。古人有言，斯水之神名曰宓妃[4]。感宋玉对楚王神女之事[5]，遂作斯赋。其辞曰：

余从京域[6]，言归东藩[7]。背伊阙[8]，越轘辕[9]，经通谷[10]，陵景山[11]。日既西倾，车殆马烦[12]。尔乃税驾乎蘅皋[13]，秣驷乎芝田[14]，容与乎阳林[15]，流眄乎洛川[16]。于是精移神骇[17]，忽焉思散[18]。俯则未察[19]，仰以殊观[20]：睹一丽人[21]，于岩之畔[22]。乃援御者而告之曰[23]："尔有觌于彼者乎[24]？彼何人斯[25]，若此之艳也[26]？"御者对曰："臣闻河洛之神名曰宓妃[27]。然则君王所见，无乃是乎[28]？其状若何[29]？臣愿闻之。"

余告之曰：其形也，翩若惊鸿[30]，婉若游龙[31]。荣曜秋菊[32]，华茂春松[33]。仿佛兮若轻云之蔽月[34]，飘摇兮若流风之回雪[35]。远而望之，皎若太阳升朝霞[36]；迫而察之[37]，灼若芙蕖出渌波[38]。秾纤得衷[39]，修短合度[40]。肩若削成，腰如约素[41]。延颈秀项[42]，皓质呈露[43]。芳泽无加[44]，铅华弗御[45]。云髻峨峨[46]，修眉联娟[47]。丹唇外朗[48]，皓齿内鲜[49]。明眸善睐[50]，靥辅承权[51]。瑰姿艳逸[52]，仪静体闲[53]。柔情绰态[54]，媚于语言[55]。奇服旷世[56]，骨象应图[57]。披罗衣之璀粲兮[58]，珥瑶碧之华琚[59]。戴金翠之首饰[60]，缀明珠以耀躯。践远游之文履[61]，曳雾绡之轻裾[62]。微幽兰之芳蔼兮[63]，步踟蹰于山隅[64]。于是忽焉纵体[65]，以遨以嬉[66]。左倚采旄[67]，右荫桂旗[68]。攘皓腕于神浒兮[69]，采湍濑之玄芝[70]。

余情悦其淑美兮[71]，心振荡而不怡[72]。无良媒以接欢兮[73]，托微波而通辞[74]。愿诚素之先达兮[75]，解玉佩以要之[76]。嗟佳人之信修[77]，羌习礼而明《诗》[78]。抗琼珶以和予兮[79]，指潜渊而为期[80]。执眷眷之款实兮[81]，惧斯灵之我欺[82]。感交甫之弃言兮[83]，怅犹豫而狐疑[84]。收和颜而静志兮[85]，申礼防以自持[86]。

于是洛灵感焉[87]，徙倚彷徨[88]。神光离合[89]，乍阴乍阳[90]。竦轻躯以鹤立[91]，若将飞而未翔[92]。践椒涂之郁烈[93]，步蘅薄而流芳[94]。超长吟以永慕兮[95]，声哀厉而弥长[96]。尔乃众灵杂遝[97]，命俦啸侣[98]。或戏清流，或翔神渚[99]。或采明珠，或拾翠羽[100]。从南湘之二妃[101]，携汉滨之游女[102]。叹匏瓜之无匹兮[103]，咏牵牛之独处[104]。扬轻袿之猗靡兮[105]，翳修袖以延伫[106]。体迅飞凫[107]，飘忽若神[108]。凌波微步[109]，罗袜生尘[110]。动无常则[111]，若危若安[112]。进止难期[113]，若往若还[114]。转眄流精[115]，光润玉颜[116]。含辞未吐[117]，气若幽兰。华容婀娜[118]，令我忘餐。

于是屏翳收风[119]，川后静波[120]，冯夷鸣鼓[121]，女娲清歌[122]。腾文鱼以警乘[123]，鸣玉鸾以偕逝[124]。六龙俨其齐首[125]，载云车之容裔[126]。鲸鲵踊而夹毂[127]，水禽翔而为卫。于是越北沚[128]，过南冈。纡素领[129]，回清阳[130]。动朱唇以徐言，陈交接之大纲[131]。恨人神之道殊兮[132],怨盛年之莫当[133]。抗罗袂以掩涕兮[134],泪流襟之浪浪[135]。悼良会之永绝兮[136],哀一逝而异乡[137]。无微情以效爱兮[138],献江南之明珰[139]。虽潜处于太阴[140],长寄心于君王[141]。忽不悟其所舍[142],怅神宵而蔽光[143]。

于是背下陵高[144],足往神留[145]。遗情想象[146],顾望怀愁[147]。冀灵体之复形[148],御轻舟而上溯[149]。浮长川而忘反[150],思绵绵而增慕[151]。夜耿耿而不寐[152],沾繁霜而至曙[153]。命仆夫而就驾[154],吾将归乎东路[155]。揽騑辔以抗策[156],怅盘桓而不能去[157]。

注释

[1]黄初三年:公元222年。黄初,魏文帝曹丕的年号。

[2]京师:指洛阳。

[3]济:渡。　洛川:洛水,发源于陕西,入河南后注入黄河,是黄河重要支流。

[4]斯:此。　宓妃:传宓羲氏之女淹死在洛水,成为洛水女神。

[5]宋玉对楚王:战国时楚国赋家宋玉作《高唐赋》与《神女赋》,均记述了宋玉对答楚王梦遇巫山神女之事。

[6]京域:京都地域,指洛阳一带。

[7]言:语助词,无实义。　归东藩:回到东方的封地。时曹植为鄄城(今山东鄄城县)王,在洛阳之东,故称"东藩"。藩,篱笆,喻指王室的屏障。

[8]背伊阙:离开伊阙山,山在洛阳西南。

[9]轘辕:山谷,在今河南偃师县东南。

[10]通谷:山谷名,在洛阳城南。

[11]陵:登上。　景山:山名,在今河南偃师县西南。

[12]车殆马烦:车坏马乏。

[13]税驾蘅皋:停车在长着杜蘅香草的水边高地。

[14]秣驷:以草喂马。　芝田:长着芝草的田地。

[15]容与:徘徊。　阳林:地名。

[16]流眄(miǎn):自由眺望。

[17]移:动。　骇:惊。

[18]忽焉:忽然。　思散:思绪分散。

[19]俯:低头。　察:看清。

[20]仰:抬头。　殊观:看到了不同寻常的现象。

[21]睹一丽人:看到一位美人。

[22]岩畔:山崖边。

[23]援御者:拉着赶车人。

[24]觌(dí):看见。

[25]斯:句末语助词。

[26]艳:美丽。

[27]河洛:即洛河,洛水。

[28]无乃是:莫非是此位(洛神)。
[29]状:指其容貌。
[30]翩若惊鸿:轻快得像是惊飞的鸿雁。
[31]婉若游龙:柔曲得像是游动的蛟龙。
[32]荣:本义是花,此指光彩。 曜:明亮。
[33]华:光华。 茂:丰茂。
[34]仿佛:若隐若现。
[35]飘摇:飘忽不定貌。 流风回雪:轻风携卷雪花飞舞。
[36]皎:明亮。
[37]迫:近。
[38]灼:明艳。 芙蕖(fúqú):荷花。
[39]秾纤:肥胖与细瘦,指丰腴与苗条。 衷:折中,指合适。
[40]修短:长短,指身高。
[41]约素:束着白色的丝绢。形容腰身洁白。
[42]延:长。 项:后脖颈。
[43]皓(hào)质:白色的质地。
[44]芳泽:芳香的油脂。 加:指搽抹。
[45]铅华:指粉。 弗御:未曾敷施。
[46]云髻:绾在头顶的发髻。 峨峨:像山一样高耸。
[47]修眉:细长的眉毛。 联娟:微微弯曲的样子。
[48]丹唇:红唇。 朗:鲜艳。
[49]皓齿:雪白的牙齿。 鲜:明亮。
[50]明眸:明亮的眼珠。 睐:向旁边看。此谓顾盼有神。
[51]靥(yè):酒窝。 辅:面颊。 权:颧骨。
[52]瑰(guī):瑰丽。 艳逸:美艳脱俗。
[53]仪静体闲:仪容安详,体态娴雅。闲,同"娴"。
[54]绰:宽缓。此句谓情致温柔、宽和。
[55]媚:可爱貌。此句谓语言美妙动听。
[56]旷世:世上绝少。
[57]骨象:骨骼的分布。 应图:如同画中美人。
[58]璀粲:同"璀璨",明净。
[59]珥(ěr):耳朵上戴着。 瑶:似玉的美石。 碧:青白色的玉。 华琚:上刻花纹的佩玉。
[60]金翠:黄金与翡翠。
[61]践:踩着,指脚下穿着。 文履:绣鞋。
[62]曳(yè):拖着。 雾绡:像轻雾一样的生丝织品。 裾(jū):衣裙后边着地的部分。
[63]微:稍稍散发着。 幽兰之芳蔼:兰花的香气。
[64]步踟蹰:缓步徘徊。 山隅:山角。
[65]忽焉:忽然。 纵体:耸动身躯。
[66]遨嬉:游遨与嬉戏。
[67]倚:靠。 采旄:彩旗。

[68]荫桂旗:遮蔽在桂枝作竿的旗帜之中。

[69]攘皓腕:挽起衣袖,伸出雪白的手腕。 神浒:神异的水边。

[70]湍濑:急流。 玄芝:黑色灵芝。

[71]淑美:善良娇美。

[72]振荡:忐忑不安。 不怡:不乐。

[73]接欢:通达欢爱之情。

[74]通辞:传达话语。

[75]诚素:真诚的情愫。素,通"愫"。

[76]要:通"邀"。

[77]信修:的确修洁美好。

[78]羌:语首助词,无实义。 习礼明《诗》:通晓礼仪,善于言语。

[79]抗琼珶:举起美玉。 和予:应答于我。

[80]潜渊:深水之中,指洛神所居的洛水之内。 期:约会。

[81]执:怀着。 眷眷之款实:恋恋不舍的真诚。

[82]斯灵:这个神灵,指洛神。

[83]交甫:郑交甫。《神仙传》云,郑交甫游于汉江边,遇二神女,赠交甫玉佩,交甫走数步,玉佩与女子俱已不见。 弃言:食言。

[84]怅:惆怅。 狐疑:怀疑。

[85]静志:使心情宁静。

[86]申礼防:施用礼法的约束。 自持:自我控制。

[87]洛灵感:谓洛水女神受到感动。

[88]徙倚:走走停停。 彷徨:徘徊。

[89]神光离合:光彩时聚时散。

[90]乍:突然。 阴、阳:阴暗与明亮。

[91]竦(sǒng)轻躯:伸长自己柔弱的躯干。 鹤立:如同白鹤般站立。

[92]将飞未翔:似要起飞,可并未飞翔。

[93]践椒涂:走在长满花椒树的路上。 郁烈:指香气浓烈。

[94]步蘅薄:迈步于杜蘅香草丛中。 流芳:散发芳香。

[95]长吟:长叹。 永慕:永久思念。

[96]哀厉:悲哀急切。 弥长:更加悠长。

[97]众灵:诸多神灵。 杂遝(tà):纷乱。

[98]命俦啸侣:招呼同伴。

[99]或:有的。 神渚:众神游玩的水中陆地。

[100]翠羽:翠鸟的羽毛。

[101]从南湘二妃:带着南方湘水上游的娥皇与女英。据《列女传》,唐尧的两个女儿娥皇与女英嫁给虞舜,舜巡视南方,死于湘水上游的苍梧之野,二妃奔丧,投湘水而死,遂为湘水女神。

[102]汉滨:汉水之滨。 游女:指二神女,参看本篇注[83]。

[103]匏瓜无匹:匏瓜星独在河鼓星之东,不与它星相接。无匹,没有配偶。

[104]牵牛独处:谓牵牛星与织女星隔天河相望,不能团聚。

[105]袿(guà):妇女的上衣。 猗靡:随风飘动貌。

[106]翳修袖：被长袖遮挡。翳，遮蔽。　延伫(zhù)：长久站立等待。
[107]飞凫(fú)：飞翔的水鸭。
[108]飘忽若神：飘飞像神仙。
[109]凌波：踩着水波。
[110]罗袜：丝织的袜子。
[111]常则：固定的规则。
[112]若危若安：好像在危险中，又像十分安全。
[113]难期：难以预料。
[114]若往若还：好像要离去，又像要回还。
[115]转眄：目光转动。　流精：精光四射。
[116]玉颜：洁白的容颜。
[117]含辞未吐：想说话但未开口。
[118]华容：像花朵一样的容貌。　婀娜(ē nuó)：轻盈柔美貌。
[119]屏翳(píngyì)：风神。
[120]川后：水神。
[121]冯夷(píng yí)：水神河伯之名。　鸣鼓：形容波涛声很大。
[122]女娲(wā)：传说中的女皇。
[123]腾文鱼：腾起一种能飞的鱼。　警乘：守卫车驾。
[124]玉鸾：车铃，以玉制成鸾鸟形状的车铃。　偕逝：一同离去。
[125]六龙：传太阳驾六条龙拉的车子。　俨其：矜持庄重的样子。其，语助词。　齐首：一齐昂首前进。
[126]载云车：牵拉如云的车子。　容裔：起伏而行貌。
[127]鲸鲵(ní)：即鲸鱼，雄为鲸，雌为鲵。　踊：跳跃。　夹毂(gǔ)：在两旁夹护着车驾。
[128]北沚(zhǐ)：北边水中的小块陆地。
[129]纡素领：回转雪白的脖颈。
[130]回清阳：转动美好的面庞。清阳，眉目姣好貌，语出《诗经·郑风·野有蔓草》。
[131]大纲：主要的方法。
[132]道殊：方式不同。
[133]盛年莫当：少壮之年未尝相遇。
[134]抗罗袂：举起丝织的袖子。　掩涕：擦泪。
[135]浪浪：倾流不止貌。
[136]悼良会：伤心美好的聚会。
[137]一逝：一去。　异乡：喻相去甚远。
[138]微情：微薄的心意。　效爱：致献爱慕之情。
[139]明珰(dāng)：明珠做的耳饰。
[140]潜处太阴：深居十分幽远的地方。
[141]寄心于君王：永将心意寄于鄄城王身上。
[142]不悟其所舍：不知道所休息的地方。
[143]神宵：洛神暗然。　蔽光：隐蔽了光芒，谓不见踪影。
[144]背下陵高：背离低下之地而登上高处。
[145]足往神留：虽然走远了，但心神仍系念着洛神。

[146]遗情想象:留下情意想象其容貌。

[147]顾望:回顾,看望。 怀愁:内心抱着忧愁。

[148]冀:希望。 灵体复形:洛神重新显象。形,显现。

[149]御:驾。 上溯(sù):逆水而上。

[150]浮长川:划行在大河之上,即行舟于洛水之上。反,同"返"。

[151]绵绵:连续不断貌。 增慕:增加思念之情。

[152]夜耿耿:长夜而心神不安。 不寐:难以入睡。

[153]至曙:直到天明。

[154]仆夫就驾:车夫驾车。

[155]东路:指"东藩"。参看本篇注[7]。

[156]揽騑辔:抓起边马的缰绳。 抗策:举起马鞭。

[157]盘桓:彷徨不前貌。 去:离开。

新评

本赋成功地运用了象征的手法,以美人象征自己希望效忠王室的美好理想,又以"人神道殊",很难如愿说明实现理想十分困难,从而抒发了怀才被黜、无由效忠王室的苦闷。其另一特色是神话色彩浓厚,多用典故,又赋予神话人物以真挚的人情味,增加了作品的真实感,强化了悲剧气氛,且想象丰富,描摹刻画细腻入神,这就使得历代艺人十分偏爱该作了。

◎六　朝

思旧赋并序

向　秀

题解

向秀(约227—272),字子期,河内怀县(今河南武涉县附近)人,是魏晋之际著名的"竹林七贤"之一,平生极喜老庄之学。在魏晋之际统治阶级的争权斗争中,他的朋友嵇康和吕安被司马氏杀害,向秀在道经友人故居时听到了邻人的笛声,这使他想起了嵇康临刑前弹琴的情形,因而写下该篇表述对友人的思念。

【原文】

余与嵇康、吕安居止接近[1],其人并有不羁之才[2]。然嵇志远而疏[3],吕心旷而放[4],其后各以事见法[5]。嵇博综技艺[6],于丝竹特妙[7],临当就命[8],顾视日影[9],索琴而弹之[10]。余逝将西迈[11],经其旧庐[12]。于时日薄虞渊[13],寒冰凄然[14]。邻人有吹笛者,发声寥亮[15]。追思曩昔游宴之好[16],感音而叹[17],故作赋云:

将命适于远京兮[18],遂旋反而北徂[19]。济黄河以泛舟兮[20],经山阳之旧居[21]。瞻旷野之萧条兮[22],息余驾乎城隅[23]。践二子之遗迹兮[24],历穷巷之空庐[25]。叹《黍离》之愍周兮[26],悲《麦秀》于殷墟[27]。惟古昔以怀人兮[28],心徘徊以踌躇[29]。栋宇存而弗毁兮[30],形神逝其焉如[31]?昔李斯之受罪兮[32],叹黄犬而长吟[33]。悼嵇生之永辞兮[34],顾日影而弹琴[35]。托运遇于领会兮[36],寄馀命于寸阴[37]。听鸣笛之慷慨兮[38],妙声绝而复寻[39]。停驾言其将迈兮[40],遂援翰而写心[41]。

注释

[1]嵇康、吕安:均为向秀好友。嵇字叔夜,谯郡铚(今安徽宿县)人,"竹林七贤"之一。吕安字仲悌,东平(今山东东平县)人。　居止:住所。

[2]不羁:不可约束,喻指才质不一般。

[3]志远而疏:志向远大而疏于人事。

[4]旷而放:心胸旷达而行为放逸。

[5]见法:受到刑罚制裁,此指被杀。

[6]博综:广泛综合,谓其多才多艺。

[7]丝竹:乐器的材料,此代音乐。　妙:精通。

[8]临当就命:面对死亡。

[9]顾视:回头看。

[10]索琴：讨要琴。

[11]逝将西迈：将要到西方去，指西赴洛阳。

[12]旧庐：故居。

[13]日薄虞渊：太阳迫近西沉之处。虞渊，传说日落之处。

[14]寒冰：寒冷。 凄然：凄清，冷落。

[15]寥亮：嘹亮。

[16]曩(nǎng)昔：从前。 游宴：交游宴饮。

[17]感言而叹：有感于笛音而叹息。

[18]将命：奉命。 适于远京：到遥远的京都洛阳。

[19]旋反：回返，指应郡举归来。反，同“返”。 北徂(cú)：向北走。

[20]济：渡。 泛舟：划船。

[21]山阳：晋县名，在今河南焦作以东。

[22]瞻：望。 旷野萧条：广大的原野十分萧瑟。

[23]息驾：停下马车。 隅：角落。

[24]践：踩，踏。 二子：指嵇康与吕安。

[25]穷巷：深深的街巷。 空庐：空房子。

[26]黍离：《诗经·王风》的一篇。周室东迁后，行役的周大夫经过朝廷旧都，见宫室倾圮，基趾上长满禾黍，因作诗以悯周之衰落。 愍：同“悯”，哀怜。

[27]麦秀：据《尚书·大传》，微子朝见周天子，道经殷商故都，见宫室尽毁，地生禾麦，因作《麦秀歌》。两句以故人哀悯商周的衰微、灭亡营造悼念嵇吕二人的悲凉气氛。

[28]惟：想。 古昔：指周大夫与微子事。

[29]徘徊：指犹豫。 踌躇：停步不前。

[30]栋宇：梁柱与屋檐，此指嵇、吕旧居。

[31]焉如：去哪里。如，去，往。

[32]李斯受罪：李斯为胡亥下狱问罪，受尽酷刑。

[33]叹黄犬：李斯临刑前对儿子说：“我想与你牵着黄犬到上蔡（李斯家乡）东门追逐狡兔，难道还可能吗？” 长吟：深长地哀叹。

[34]悼嵇生：悲悼嵇康。生，古时对读书人的敬称。 永辞：逝世。

[35]顾日影：回看太阳的影子。

[36]运遇：命运机遇。 领会：遭际。

[37]寄馀命：寄托馀生。

[38]慷慨：感慨，悲叹。

[39]妙声：指笛音。 寻：续。

[40]停驾：停下马车。 言、其：俱为语助词，无实义。 将迈：欲老。

[41]援翰：持笔，提笔。 写心：抒发内心感触。

新评

本赋作于魏元帝咸熙元年。时司马氏把持曹魏政权，大肆杀戮异己，文人们敢怒而不敢言。作者迫于淫威亦不得不赴洛阳受封，道经嵇康故居，追悼亡友而为此文。全文由见空庐、悼亡友、抒哀情三部分组成。庾信说“唯有山阳笛，凄余思旧篇”，是肯定此文的评语。由于本赋不是悼念曹魏的灭亡，所以，《黍离》愍周、《麦秀》怀殷的典实虽也创造了悲悯的气氛，但与故地怀人毕竟不十分协合，而李斯临刑前悔恨的表现与嵇康临刑弹琴的从容也不完全一致，因而，本赋的用典毕竟不够贴切。

秋兴赋并序

潘　岳

题解

潘岳(247—300)，字安仁，荥阳中牟(在今河南境内)人，西晋太康间著名作家，与陆机齐名。由于作者在仕途上并不得意，因而遇秋景而生悲情就是十分自然的事了。本赋即晋武帝咸宁四年(278)秋日所作，抒写自己悲秋之情。

原文

晋十有四年[1]，余春秋三十有二，始见二毛[2]。以太尉掾兼虎贲中郎将[3]，寓直于散骑之省[4]。高阁连云，阳景罕曜[5]，珥蝉冕而袭纨绮之士[6]，此焉游处。仆野人也[7]，偃息不过茅屋茂林之下[8]，谈话不过农夫田父之客。摄官承乏[9]，猥厕朝列[10]，夙兴晏寝[11]，匪遑底宁[12]，譬犹池鱼笼鸟，有江湖山薮之思。于是染翰操纸[13]，慨然而赋。于时秋也，故以"秋兴"命篇。辞曰：

四时忽其代序兮[14]，万物纷以回薄[15]。览花莳之时育兮[16]，察盛衰之所托[17]。感冬索而春敷兮[18]，嗟夏茂而秋落。虽末士之荣悴兮[19]，伊人情之美恶。善乎宋玉之言曰[20]："悲哉，秋之为气也！萧瑟兮草木摇落而变衰，憀栗兮若在远行，登山临水送将归[21]。"夫送归怀慕徒之恋兮[22]，远行有羁旅之愤。临川感流以叹逝兮，登山怀远而悼近[23]。彼四感之疚心兮[24]，遭一涂而难忍[25]。嗟秋日之可哀兮，谅无愁而不尽[26]。

野有归燕，隰有翔隼[27]。游氛朝兴，槁叶夕殒。于是乃屏轻箑[28]，释纤絺[29]，藉莞蒻[30]，御祫衣[31]。庭树槭以洒落兮[32]，劲风戾而吹帷[33]。蝉嘒嘒而寒吟兮[34]，雁飘飘而南飞。天晃朗以弥高兮[35]，日悠阳而浸微[36]。何微阳之短晷[37]，觉凉夜之方永[38]。月曈胧以含光兮[39]，露凄清以凝冷。熠耀粲于阶闼兮[40]，蟋蟀鸣乎轩屏[41]。听离鸿之晨吟兮，望流火之馀景[42]。宵耿介而不寐兮[43]，独展转于华省[44]。

悟时岁之遒尽兮[45]，慨俛首而自省。斑鬓髟以承弁兮[46]，素发飒以垂领[47]。仰群俊之逸轨兮[48]，攀云汉以游骋。登春台之熙熙兮[49]，珥金貂之炯炯[50]。苟趣舍之殊涂兮[51]，庸讵识其躁静[52]。闻至人之休风兮[53]，齐天地于一指[54]。彼知安而忘危兮，故出生而入死。行投趾于容迹兮[55]，殆不践而获底[56]。阙侧足以及泉兮[57]，虽猴猿而不履[58]。龟祀骨于宗祧兮[59]，思反身于绿水[60]。且敛衽以归来兮[61]，忽投绂以高厉[62]。耕东皋之沃壤兮[63],输黍稷之馀税[64]。泉涌湍于石间兮,菊扬芳于崖澨[65]。澡秋水之涓涓兮[66],玩游儵之潎潎[67]。逍遥乎山川之阿[68],放旷乎人间之世。优哉游哉[69],聊以卒岁[70]。

注释

[1]有:又,古代于数词整数与零数之间用之。 晋十有四年:即武帝咸宁四年,公元273年。

[2]二毛:头发有黑白二色。

[3]太尉掾(yuàn):太尉的属官。 虎贲(bēn)中郎将:帝王行宫或营帐的卫队首领。

[4]寓直:寄值。时作者隶属散骑省,所以谓"寓直"。

[5]阳景:日光。 罕曜(yào):很少照射得到。

[6]珥(ěr):本为戴在耳朵上,此处指戴在头上。 蝉冕:以貂尾蝉纹为饰的冠,此指富贵者。 袭纨绮:穿丝绸之衣。

[7]仆:我,自谦之词。 野人:乡野之人。

[8]偃息:卧息,指居住。

[9]摄官承乏:担任官职是在人才十分缺乏的时候充数的,是做官的谦词。

[10]猥厕朝列:本不够格的人也夹杂在朝臣的行列之中。猥,辱,是谦词。

[11]夙兴晏寝:早起晚睡。

[12]匪遑:无暇,顾不上。 底(zhǐ):致,获得。

[13]染翰:笔醮浓墨,谓将要写作。

[14]四时:春、夏、秋、冬。 代序:依次更替。

[15]回薄:运转回环。

[16]莳(shì):栽种。 时育:按时令生长。

[17]察盛衰:考察其茂盛与衰落。

[18]冬索春敷:冬季凋敝,春日布生。

[19]末士:地位微贱的士子。 荣悴:得意与失意。

[20]宋玉之言:宋玉在其自作楚辞作品《九辩》中所说的话。

[21]憀(liáo)栗:凄怆。 远行:羁旅异乡。 送将归:送人归去。

[22]徒之恋:"恋徒"的倒装,即留恋伙伴。

[23]悼近:悲悼眼前事,为近况不遇而伤悲。

[24]四慼:四种悲苦,即忽、默、平、直。 疚心:使内心痛苦。

[25]遭一涂:遭遇一个方面的不幸。

[26]谅:想来。 无愁而不尽:没有忧愁哀伤也不会哀尽。

[27]隰(xī):低湿之地。 隼(sǔn):一种猛禽。

[28]屏轻箑(shà):放弃扇子。

[29]释纤絺(chī):丢开纤细的絺布衣。谓换掉夏日所穿之衣。

[30]藉莞蒻(ruò):铺上莞蒻编的席子。

[31]御袷(jiá)衣:穿上两层布的衣服,谓天渐凉而换穿秋装。

[32]槭(sè):树枝光秃貌。 洒落:(树叶)坠落。

[33]戾(lì):猛烈。

[34]嘒嘒(huì):蝉鸣声。

[35]晃朗：爽朗。　弥：更。

[36]悠阳：缓慢落下。　浸微：渐渐衰微。

[37]晷(guǐ)：时光。

[38]方永：正长。

[39]朣胧(tónglóng)：朦胧。

[40]熠耀(yì yào)：萤火虫。　粲：明亮。　闼(tà)：门。

[41]轩屏：堂前屏风。

[42]流火：下行的大火星。夏历六月黄昏，大火星(心宿)现于南天，位置最高；到夏历七月，就偏西向下了，故古人有"七月流火"之说(见《诗经·豳风·七月》)。　馀景：馀光。

[43]宵耿介：夜间心绪不宁。

[44]华省(shěng)：华丽的官署。

[45]遒(qiú)：临近，接近。

[46]自省(xǐng)：自我省察、反省。　髟(biāo)：鬓发下垂貌。　弁(biàn)：古代官员的一种帽子。

[47]飒(sà)：纷杂，指衰老。　领：脖子。

[48]逸轨：超逸的行迹，指仕途得意。

[49]春台：登眺游赏的亭台，泛指宫中楼台，语出《老子》。　熙熙：和乐貌。

[50]珥金貂：戴上金珰和貂尾，是显贵者的装束。　炯炯：光亮的样子。

[51]苟：只要。　趣舍殊途：进退道路完全不一样。

[52]庸讵(jù)：岂，反诘副词。　躁静：动静，指行止。

[53]至人：道家理想中境界最高的人。　休风：高风，即美好的风范。

[54]齐天地于一指：这是道家思想。《庄子·齐物论》曰："天地一指也，万物一马也。"谓天与地是一个概念，万物都如一匹马。是庄子否定对立性的主观唯心主义观念。此句连上句，谓要学习至人将荣辱贵贱视同一律的态度。

[55]行：走路。　投趾：投足。　容迹：仅能容下一脚之地。

[56]获底(zhǐ)：同"获底"，谓获得平安。

[57]阙：同"掘"。　侧足：置足。　泉：黄泉，地下水。语出《庄子·外物》："夫地非不广且大也，人之所用容足耳。然则侧足而垫之至黄泉，人尚有用乎？"谓人之行虽然不过容脚之地，但若以为足外之地无用而挖去，即使敏捷的猿猴也不敢走过去。

[58]不履：不踩，不践。此句谓"无用者尚有用"，意谓显贵与低贱相同。

[59]祀骨：祭祀用的龟骨。　宗祧(tiāo)：宗庙，即祖庙。

[60]反身：同"返身"。语出《庄子·秋水》："吾闻楚有神龟，已死三千岁矣。王巾笥而藏之庙堂之上。此龟者，宁其死而留骨而贵乎？宁生而曳尾于涂中乎？"(楚二大夫)曰："宁生而曳尾涂中。"此二句谓龟骨在宗庙祭祀并不值得羡慕，倘龟有知觉，一定想返回绿水之中。

[61]敛衽：提起衣襟。

[62]投绂(fú)：扔掉印绶。　高厉：高蹈，指归隐。

[63]东皋：东边的水田，泛指田野。

[64]输：缴纳。　黍、稷：两种农作物。

[65]涌湍：涌出湍急的水流。　崖澨(shì)：山边与水畔。

[66]澡：洗浴。

[67]儵：同"鯈"，即"鲦"字，一种条状小鱼。　澼澼(pì)：游动貌。

[68]逍遥：自在，自得的样子。　阿：山曲处。

[69]优哉游哉：自由自在貌。

[70]卒岁：度尽岁月。

新评

这篇作品是抒写作者仕途不得意，发牢骚并进行自我安慰的。古人有“悲秋”之说，潘岳即因秋日已至而想起了宋玉《九辩》中悲秋的句子，宣泄了自己的哀愁。他受道家思想的影响很深，因而用《老子》著作和《庄子·齐物论》中“万物一马”、“荣悴齐一”的思想安慰自己，并表示即将归隐，以求得解脱。作品为封建社会仕途失意的知识分子开辟了一条通过写归隐而宣泄不遇的道路。后来陶渊明的《归去来兮辞》、欧阳修的《秋声赋》等作品即由此而化出。

叹逝赋并序

陆　机

题解

陆机（261—303），字士衡，吴郡吴县华亭（今上海松江）人，出身于东吴的士家大族。吴国灭亡后闭门读书，后与其弟陆云同赴洛阳应聘，文才颇佳，倾动一时，成为西晋太康年间的著名作家，后死于统治阶级的争权斗争之中。他深深感觉到生命的虚幻，因作《叹逝赋》抒发对于人生的感悟。

原文

昔每闻长老追计平生同时亲故[1]，或凋落已尽[2]，或仅有存者。余年方四十，而懿亲戚属亡多存寡[3]，昵交密友亦不半在[4]。或所曾共游一涂[5]，同宴一室，十年之外，索然已尽[6]。以是思哀，哀可知矣。乃作赋曰：

伊天地之运流[7]，纷升降而相袭[8]。日望空以骏驱[9]，节循虚而警立[10]。嗟人生之短期，孰长年之能执[11]？时飘忽其不再[12]，老晼晚其将及[13]。怼琼蕊之无征[14]，恨朝霞之难挹[15]。望汤谷以企予[16]，惜此景之屡戢[17]。悲夫，川阅水以成川[18]，水滔滔而日度[19]；世阅人而为世，人冉冉而行暮[20]。人何世而弗新[21]，世何人之能故[22]？野每春其必华，草无朝而遗露[23]。经终古而常然[24]，率品物其如素[25]。譬日及之在条[26]，恒虽尽而弗寤[27]。虽不寤其可悲，心惆焉而自伤[28]。亮造化之若兹[29]，吾安取夫久长！

痛灵根之夙陨[30]，怨具尔之多丧[31]。悼堂构之颓瘁[32]，愍城阙之丘荒[33]。亲弥懿其已逝[34]，交何戚而不忘[35]？咨余今之方殆[36]，何视天之芒芒[37]？伤怀悽其多念，戚貌瘁而鲜欢[38]。幽情发而成绪[39],滞思叩而兴端[40]。惨此世之无乐,咏在昔而为言[41]。

居充堂而衍宇[42],行连驾而比轩[43];弥年时其讵几[44],夫何往而不残[45]?或冥邈而既尽,或寥廓而仅半[46]。信松茂而柏悦[47],嗟芝焚而蕙叹[48]。敬性命之弗殊,岂同波而异澜。瞻前轨之既覆[49],知此路之良难[50],启四体之深悼[51],惧兹形之将然[52]。毒娱情之寡方[53],怨感目之多颜[54]。谅多颜之感目,神何适而获怡[55]。寻平生于响象[56],览前物而怀之[57]。步寒林以凄恻,玩春翘而有思[58]。触万类以生悲[59],叹同节而异时。年弥往而念广[60],涂薄暮而意迮[61]。亲落落而日稀[62],友靡靡而愈索[63]。顾旧要于遗存[64],得十一于千百[65]。乐隤心其如忘[66],哀缘情而来宅。托末契于后生[67],余将老而为客[68]。

然后弭节安怀[69],妙思天造[70],精浮神沦[71],忽在世表[72]。寤大暮之同寐[73],何矜晚以怨早[74]。指彼日之方除[75],岂兹情之足搅[76]。感秋华于衰木,瘁零落于丰草[77]。在殷忧而弗违[78],夫何云乎识道[79]!将颐天地之大德[80],遗圣人之洪宝[81],解心累于末迹[82],聊优游以娱老[83]。

注释

[1]追计:追忆。　亲故:亲戚朋友。

[2]凋落:树叶坠落,喻指人之逝世。

[3]懿亲:至亲。

[4]昵交:交往很深者。　不半在:在世的不到一半。

[5]涂:同“途”。

[6]索然:空貌。

[7]运流:运动流转。

[8]相袭:相续。

[9]骏驱:如骏马驰驱,喻指时光流逝极快。

[10]虚:二十八宿之一,星宿名,为北方玄武之第四宿。　警立:迅速出现。

[11]执:保持。

[12]不再:没有第二次,谓一去不返。

[13]畹(wǎn)晚:太阳快要落山之貌,喻指年老。

[14]怼(duì):怨恨。　琼蕊:传说中琼树的花蕊,形似玉屑,食之可长生不老。　无征:没有验证。

[15]难挹(yì):很难取得。挹,舀取,喻留住。

[16]汤(yāng)谷:传说为太阳出入之地。　企予:使自己脚跟踮起朝前眺望。

[17]此景:日光。　屡戢(jí):屡屡藏匿。谓昼夜更替不停。

[18]阅:汇集。

[19]日度:每日流逝。

[20]冉冉:渐渐。　行暮:将到晚年。

[21]弗新:不更新。

[22]故：保持原状，谓永远年轻。
[23]遗露：留下露水，谓露会干，喻人要变老。
[24]然：这样。
[25]如素：如此。
[26]日及：木槿的别名，其花朝开暮落。
[27]弗寤：不会明白。　寤，通"悟"。
[28]自伤：自我感伤。
[29]亮：同"谅"，想来。　兹：此。
[30]灵根：指先人。　夙陨：早逝。
[31]具尔：指兄弟，语出《诗经·大雅·行苇》之"戚戚兄弟，莫远具尔"。
[32]堂构：堂基屋宇，喻父祖之遗业。　颓瘁：崩塌毁坏。
[33]城阙：城池宫阙。　丘荒：成为废墟荒芜之地，喻吴国已亡。
[34]亲弥懿：亲属中至美至善之人。
[35]交：指密交。　戚：亲近。
[36]方殆：正遇到危殆，指将逝。
[37]芒芒：昏愦不明貌。同"梦梦"，语出《诗经·小雅·正月》："民今方殆，视天梦梦。"
[38]貌瘁：容貌黄瘦。　鲜(xiǎn)：少。
[39]幽情发：郁积之情表现出来。
[40]叩：同"扣"，凝积。
[41]在昔：往昔，往日。
[42]充堂：广室。　衍宇：连绵的屋宇。
[43]连驾：车驾相连。　比轩：车篷相接。轩，有篷的车。
[44]弥年：临终之年。　讵几：竟有几天，谓时日并不多。
[45]不残：不毁坏。
[46]冥邈：幽深邈远，谓人死去。　寥廓：寥落、凋零。　仅半(bān)：仅剩一半。
[47]信：确实。　松茂柏悦：谓亲友健在则欢喜。
[48]芝焚蕙叹：喻亲友逝世则自己哀伤。
[49]前轨：前面的车子，指先逝者。
[50]良：十分。
[51]启：展开。四体：四肢。展开手足，借指临终。
[52]兹形：此形，指自身。　将然：也会这样，指死亡。
[53]毒：恨。
[54]感目多颜：眼所见到逝者很多。
[55]何适：何往。　获怡(yí)：得到快乐。
[56]响象：音容笑貌。
[57]前物：逝者生前之物。
[58]春翘：春天茂盛的万物。
[59]万类：一切事物。
[60]弥往：更加久远。　念广：思念广远。
[61]涂：同"途"，指人生之途。　薄暮：喻指人之晚年。　意迮(zuò)：怀念之情更加迫切。

[62]落落:稀少貌。

[63]靡靡:将尽貌。　索:尽,空。

[64]顾旧要:回想往日与朋友的约定。　遗存:遗物。

[65]得十一于千百:千中得十,百中得一,指很少。

[66]陨心:遗于内心。陨,通"遗",遗失。

[67]末契:小小心愿。

[68]老而为客:将要老死,语出《古诗十九首》:"人生天地间,忽如远行客。"

[69]弭节:按节徐行,喻安定心绪。

[70]天造:天然形成。

[71]精浮神沦:精神若浮若沉,飘忽不定。

[72]世表:人世之外。

[73]大暮同寐:长夜同睡。大暮,喻指人死;寐,睡着。

[74]矜:夸耀。

[75]彼日方除:死的一天正在来到。

[76]搅:扰乱。谓死不会搅乱我的心绪。

[77]瘁:忧伤。

[78]殷忧:深深的忧愁。　违:离去。

[79]识道:悟透玄理。

[80]颐:保养。　大德:性命。

[81]遗:抛弃。　洪宝:权位,语出《周易·系辞下》:"天地之大德曰生,圣人之大宝曰位。"

[82]心累:内心负担,指功名。　末迹:末路,指年老。

[83]聊优游:姑且悠闲自得。

新评

此赋是陆机逝世前三年所作。其时,"八王之乱"已经开始,作者深受世变的惊扰,颇觉前途无望,他又目睹亲朋故友纷纷谢世,深感岁月流逝之速,人世过往之疾,因作此赋表达自已意欲隐退、优游娱老的思想。赋文分三部分:开头一段感叹万物变化无常,中间一段痛悼亡亲故友,末尾一段表述归隐之志。由于魏晋人深受老庄思想影响,作者亦不免,故以老庄之恬退为其归趋,其积极意义也仅仅是不慕荣利罢了。

此赋的写作特色是,语言简净朴实,很少用典,自然抒写,读来颇觉自然。

闲情赋并序

陶渊明

题解

陶渊明(365—427),一名潜,字元亮,私谥靖节,浔阳柴桑(今江西九江)人。出身于没落的士族家庭，尝为彭泽县县令，以不肯为五斗米折腰向乡里小儿故，辞官归隐。他是中国古代田园诗的开创者。其诗描写自然景色与农家生活，隐寓着对统治者腐败的不满。他的《闲情赋》继承张衡《定情赋》、蔡邕《静情赋》而有所扩充，是一篇专写爱情的优秀篇章。

【原文】

初，张衡作《定情赋》[1]，蔡邕作《静情赋》[2]。检逸辞而宗澹泊[3]，始则荡以思虑[4]，而终归闲正[5]。将以抑流宕之邪心[6]，谅有助于讽谏。缀文之士，奕代继作[7]。并因触类[8]，广其辞义。余园闾多暇[9]，复染翰为之[10]；虽文妙不足，庶不谬作者之意乎[11]！

夫何瑰逸之令姿[12]，独旷世以秀群[13]；表倾城之艳色[14]，期有德于传闻[15]。佩鸣玉以比洁[16]，齐幽兰而争芳[17]；淡柔情于俗内[18]，负雅志于高云[19]。悲晨曦之易夕[20]，感人生之长勤[21]；同一尽于百年，何欢寡而愁殷[22]。褰朱帏而正坐[23]，泛清瑟以自欣[24]。送纤指之馀好[25]，攘皓袖之缤纷[26]；瞬美目以流眄[27]，含言笑而不分[28]。曲调将半，景落西轩[29]。悲商叩林[30]，白云依山。仰睇天路[31]，俯促鸣弦[32]。神仪妩媚[33]，举止详妍[34]。

激清音以感余，愿接膝以交言。欲自往以结誓[35]，惧冒礼之为愆[36]；待凤鸟以致辞[37]，恐他人之我先[38]。意惶惑而靡宁，魂须臾而九迁[39]。愿在衣而为领，承华首之余芳[40]；悲罗襟之宵离[41]，怨秋夜之未央[42]。愿在裳而为带，束窈窕之纤身；嗟温凉之异气，或脱故而服新。愿在发而为泽[43]，刷玄鬓于颓肩[44]；悲佳人之屡沐，从白水而枯煎[45]。愿在眉而为黛[46]，随瞻视以闲扬[47]；悲脂粉之尚鲜[48]，或取毁于华妆[49]。愿在莞而为席[50]，安弱体于三秋[51]；悲文茵之代御[52]，方经年而见求[53]。愿在丝而为履[54]，附素足以周旋[55]；悲行止之有节[56]，空委弃于床前。愿在昼而为影，常依形而西东；悲高树之多荫，慨有时而不同[57]。愿在夜而为烛，照玉容于两楹[58]；悲扶桑之舒光[59]，奄灭景而藏明[60]。愿在竹而为扇，含凄飙于柔握[61]；悲白露之晨零，顾襟袖以缅邈[62]。愿在木而为桐，作膝上之鸣琴；悲乐极以哀来，终推我而辍音。

考所愿而必违[63]，徒契契以苦心[64]。拥劳情而罔诉[65]，步容与于南林[66]。栖木兰之遗露，翳青松之余荫；傥行行之有觌[67]，交欣惧于中襟[68]。竟寂寞而无见，独悁想以空寻[69]。敛轻裾以复路[70]，瞻夕阳而流叹[71]；步徒倚以忘趣[72]，色惨凄而矜颜[73]。叶燮燮以去条[74]，气凄凄而就寒；日负影以偕没，月媚景于云端[75]。鸟凄声以孤归，兽索偶而不还；悼当年之晚暮[76]，恨兹岁之欲殚。思宵梦以从之[77]，神飘摇而不安；若凭舟之失棹，譬缘崖而无攀。于时毕昴盈轩[78]，北风凄凄；惘惘不寐[79]，众念徘徊[80]。起摄带以伺晨，繁霜粲于素阶[81]。鸡敛翅而未鸣，笛流远以清哀[82]；始妙密以闲和[83]，终寥亮而藏摧[84]。意夫人之在兹[85]，托行云以送怀；行云逝而无语，时奄冉而就过[86]。徒勤思以自悲，终阻山而带河[87]；迎清风以袪累[88]，寄弱志于归波[89]。尤《蔓草》之为会[90]，诵《邵南》之馀歌[91]；坦万虑以存诚[92]，憩遥情于八遐[93]。

注释

[1]张衡：东汉后期辞赋家，其《定情赋》已亡佚。

[2]蔡邕(yōng)：东汉末叶文学家，其《静情赋》已亡佚。

[3]检逸辞：检束放逸之辞。　宗澹泊：以恬静寡欲为宗。

[4]荡以思虑：指驰骋想象。

[5]归闲正：归结到典雅纯正。

[6]流宕：放荡。

[7]奕代：一代接着一代。

[8]触类：感触相同。

[9]园闾：田中与家里。

[10]染翰：以笔蘸墨。

[11]庶：大概。　不谬：不违。

[12]瑰逸：瑰奇俊逸，指女子极美。　令：美。

[13]旷世：绝代。　秀群：超群。

[14]表倾城之艳色：显示了使全城人都倾倒的美色。

[15]期：愿。　有德于传闻：在传闻方面以有德行著称。

[16]鸣玉：相碰撞而发声的玉环。

[17]齐幽兰：整齐地佩戴幽雅的兰花。

[18]淡：看得没什么了不起，即轻视。　俗内：世俗者的内心感受。

[19]负雅志：怀有超群的高雅之志。

[20]晨曦(xī)：晨光。　易夕：容易变为傍晚。

[21]长勤：勤苦居多。

[22]殷：深。

[23]褰朱帏：揭起红色的帏帐。　正坐：端坐。

[24]泛清瑟：用瑟奏出轻柔的乐曲。

[25]馀好：多馀的优美动作，指手指动作优美，变化多姿。

[26]攘皓袖：挽起袖子，露出臂膀。　缤纷：弹瑟时素袖挥动之貌。

[27]瞬：眼波闪动。　流眄(miàn)：巡视。

[28]含言笑：有言语，亦有笑意。

[29]景：日光。　轩：窗。

[30]悲商叩林：悲凉的商声吹着树林。商，五音之一，音调凄厉，故以形容清凉的晚风。

[31]睇(dì)：凝视。

[32]俯促：俯首急弹。

[33]神仪：神情仪表。

[34]详妍：安详优美。

[35]结誓：订立相爱的盟约。

[36]冒礼：违背礼仪。　愆(qiān)：过失。

[37]待凤鸟:等待媒人。传说帝喾高辛氏以凤凰鸟传送礼物娶得有娀氏之女简狄,故谓之。屈原《离骚》曾用此典。

[38]"恐他人"句:《离骚》有曰:"凤凰既受贻兮,恐高辛之先我。"

[39]九迁:多次前往。"九"表多数。

[40]华首:华美的头部。

[41]罗襟:绫罗衣服。 宵离:夜间衣服离身。

[42]未央:未尽。

[43]泽:润发的脂膏。

[44]颓肩:削肩。

[45]从白水:顺着清水流去。 枯煎:枯竭,指被水冲走。

[46]黛:青黛,古代女子画眉的颜料。

[47]闲扬:娴雅清扬,眉目顾视宛转可爱貌。

[48]尚鲜:崇尚鲜艳,谓时俗讲求脂粉的艳彩。

[49]取毁于华妆:被华丽的梳妆取而代之。

[50]莞(guān):草名,可以织席。

[51]三秋:秋之三个月,谓夏历之七、八、九月。

[52]文茵:有文彩的皮褥子。 代御:代替使用。

[53]见求:被求。此句谓即使做了莞席也得经过一年方得见用。

[54]履:绣鞋。

[55]附素足:穿在洁白的脚上。

[56]行止有节:或行或止,有一定的节度。

[57]不同:不能形影不离。

[58]楹(yíng):柱子。

[59]扶桑:传说太阳升起的树。 舒光:放出光芒。

[60]奄:很快地。 灭景:同"灭影"。

[61]凄飙:凉风。 柔握:柔美的手掌之中。

[62]缅邈:遥远,此句谓不得不远离襟袖,即远离其人而被闲置。

[63]考:察。

[64]契契:勤苦貌,语出《诗经·小雅·大东》:"契契寤叹,哀我惮人。"

[65]拥劳情:怀着苦心。 罔诉:无处诉说。

[66]容与:徘徊不进。

[67]傥:同"倘"。 觌(dí):见到。

[68]中襟:怀中。

[69]悁想:愁思。 空寻:白白地追寻。

[70]复路:回望原来的路上。

[71]流叹:发出叹息之声。

[72]徙倚:徘徊貌。 趋:前行。

[73]矜颜:面色沮丧。

[74]燮燮(xiè):叶落之声。

[75]月媚景:月亮显现出明媚之光。

[76]当年:正当盛年。　晚暮:临近结尾,变老。

[77]宵梦:夜间作梦。

[78]毕昴(mǎo):两星宿名,均在秋季出现,此以代秋夜之星。　盈轩:满窗。

[79]惘惘(jiǒng):思念不安貌。

[80]众念徘徊:思绪杂乱。

[81]素阶:白色台阶。

[82]笛流远:笛声自远处传来。　清哀:清雅而哀怨。

[83]妙密:轻细。　闲和:闲静和畅。

[84]寥亮:嘹亮。　藏摧:摧藏,极其悲伤。

[85]意:想象。

[86]奄冉:渐渐推移。　就过:迅疾飞逝。

[87]阻山带河:为山河阻隔。

[88]祛累:消除累赘。

[89]弱志:卑弱的情怀。　归波:逝波,指消逝的时光。

[90]"尤《蔓草》"句:责怪《野有蔓草》中男女主人公的欢会。

[91]《邵南》馀歌:指《诗经·召南·野有死麕》之类的诗。

[92]坦:平息,消除。　万虑:各种杂念。

[93]憩(qì):止息。　八遐:八方极远之地。

新评

本赋曾被萧统说成是作者的"白璧微瑕",希望它不曾产生,但这种担忧却是多馀的。作者要表述的,正是对于美人的热爱与期许。作品先描摹美人的仪态,次写对美人的热切思念。结尾却归结到"雅正"方面,认为此前所述乃是不合"诗礼"的"弱志"与"累赘",应该彻底抛撇,弃斥在遥远的"八遐"。这实际上是作者在封建礼法的制约下不得不作出的一种表白,与作者真正的期许并不一致。

作品的艺术特色有二:一是浪漫式的想象十分大胆,尤其是"十愿"的设计和坦露充分地体现了这种特色。二是心理描写细腻入微,将相思者的种种心理活动充分地展现了出来。

雪　赋

谢惠连

题解

谢惠连(397—433),南朝宋文学家,陈郡阳夏(今河南太康)人,他的族兄即著名作家谢灵运。谢长时间未能得官,后做了彭城王刘义康的法曹参军。《雪赋》是南朝咏物小赋的代表作,它假托西汉梁孝王在兔园宴请臣下作赋咏雪一事,对雪的颜色、状貌等作了详尽的描写刻画,并借以抒发了感慨。

【原文】

岁将暮，时既昏[1]。寒风积[2]，愁云繁。梁王不悦，游于兔园[3]，置旨酒[4]，命宾友，召邹生[5]，延枚叟[6]，相如末至[7]，居客之右[8]。俄而微霰零[9]，密雪下。王乃歌《北风》于卫诗[10]，咏《南山》于周雅[11]。授简于司马大夫[12]，曰："抽子秘思[13]，骋子妍辞[14]，侔色揣称[15]，为寡人赋之[16]。"

相如于是避席而起[17]，逡巡而揖[18]，曰："臣闻雪宫建于东国[19]，雪山峙于西域[20]。岐昌发咏于《来思》[21]，姬满申歌于《黄竹》[22]。《曹风》以麻衣比色[23]，楚谣以《幽兰》俪曲[24]。盈尺则呈瑞于丰年[25]，袤丈则表沴于阴德[26]。雪之时义远矣哉[27]，请言其始。若乃玄律穷[28]，严气升[29]，焦溪涸[30]，汤谷凝[31]，火井灭[32]，温泉冰，沸潭无涌[33]，炎风不兴[34]。北户墐扉[35]，裸壤垂缯[36]。于是河海生云，朔漠飞沙[37]，连氛累霭[38]，掩日韬霞[39]；霰淅沥而先集[40]，雪纷糅而遂多[41]。其为状也，散漫交错，氛氲萧索[42]；蔼蔼浮浮[43]，瀌瀌弈弈[44]；联翩飞洒[45]，徘徊委积[46]。始缘甍而冒栋[47]，终开帘而入隙；初便娟于墀庑[48]，末萦盈于帷席[49]。既因方而为珪[50]，亦遇圆而成璧。眄隰则万顷同缟[51]，瞻山则千岩俱白[52]。于是台如重璧[53]，逵似连璐[54]；庭列瑶阶[55]，林挺琼树[56]。皓鹤夺鲜[57]，白鹇失素[58]；纨袖渐冶[59]，玉颜掩姱[60]。若乃积素未亏[61]，白日朝鲜[62]，烂兮若烛龙衔耀照昆山[63]；尔其流滴垂冰[64]，缘霤承隅[65]，灿兮若冯夷剖蚌列明珠[66]。至夫缤纷繁骛之貌[67]，皓旰皦絜之仪[68]，回散萦积之势[69]，飞聚凝曜之奇[70]，固展转而无穷[71]，嗟难得而备知。若乃申娱玩之无已[72]，夜幽静而多怀，风触楹而转响[73]，月承幌而通晖[74]。酌湘吴之醇酎[75]，御狐貉之兼衣[76]；对庭鹍之双舞[77]，瞻云雁之孤飞。践霜雪之交积，怜枝叶之相违[78]。驰遥思于千里，愿接手而同归[79]。"

邹阳闻之，懑然心服[80]，有怀妍唱[81]，敬接末曲[82]。于是乃作而赋积雪之歌[83]，歌曰："携佳人兮披重幄[84]，援绮衾兮坐芳缛[85]；燎熏炉兮炳明烛[86]，酌桂酒兮扬清曲。"又续而为白雪之歌，歌曰："曲既扬兮酒既陈，朱颜酡兮思自亲[87]，愿低帷以昵枕[88]，念解珮而褫绅[89]。怨年岁之易暮，伤后会之无因。君宁见阶上之白雪，岂鲜耀于阳春？"

歌卒[90]，王乃寻绎吟玩[91]，抚览扼腕[92]，顾谓枚叔[93]，起而为乱[94]。乱曰：白羽虽白，质以轻兮[95]；白玉虽白，空守贞兮；未若此雪，因时兴灭。玄阴凝不昧其洁[96]，太阳曜不固其节[97]。节岂我名？洁岂我贞？凭云升降，从风飘零。值物赋象[98]，任地班形[99]。素因遇立[100]，污随染成[101]，纵心皓然[102]，何虑何营[103]？

【注释】

[1]昏：黄昏，傍晚。

[2]积:积聚,指风烈。

[3]梁王:指西汉的梁孝王刘武,他是汉文帝的儿子,喜好宫室苑囿之乐,招揽了许多文士,形成一个文学集团。　兔园:又称梁园、梁苑,是刘武与文士宴乐之地。

[4]旨酒:美酒。

[5]邹生:指邹阳,西汉辞赋家。

[6]枚叟:指枚乘,其时已老,故称叟。

[7]相如:司马相如。　末至:最后到来。

[8]右:上座。

[9]俄:一会儿。　微霰:小雪粒。

[10]卫诗:卫国的诗作。《北风》属于《诗经·邶风》,邶在春秋卫地,故云。

[11]咏《南山》:歌咏《诗经·小雅·信南山》一诗。　周雅:周朝的雅诗。

[12]简:竹简,写字于其上。　大夫:尊称之词。

[13]抽秘思:发挥精妙的思想。

[14]骋妍辞:施展美妙的辞藻。

[15]侔色:与雪色相等。　揣称:估量其恰到好处。

[16]寡人:梁王自称。

[17]避席:离开坐席,表示对人的尊重。

[18]逡巡:向后退。

[19]雪宫:战国时齐国的行宫,故地在今山东临淄。　东国:东方的国家,指齐国。

[20]峙(zhì):耸立。　西域:玉门关以西的地区。

[21]岐昌:岐山脚下的周文王。岐,山名,亦指该山所在之地;昌,周文王名。　来思:指《诗经·小雅·采薇》,该篇有两句曰:"今我来思,雨雪霏霏。"

[22]姬满:周穆王姓姬名满。　申歌:续唱。　黄竹:诗篇名。据《穆天子传》,周穆王在雪天哀悯百姓之苦,曾作《黄竹》诗。

[23]曹风:《诗》十五国风之一。　麻衣比色:《曹风·蜉蝣》曰:"蜉蝣掘阅,麻衣如雪。"色,指雪。

[24]楚谣:楚辞。《幽兰》俪曲:以《幽兰》曲与之成对,即同时弹奏了《幽兰》等两支曲子。据宋玉《讽赋》所述,作者曾到一人家,主人只一女,付给他一张琴,他弹奏了《幽兰》和《白雪》两支曲子。

[25]盈尺:满一尺,指积雪的厚度。

[26]袤丈:指雪深一丈。　沴(lì):灾气。　阴德:阴气特盛之德,古人认为雪性阴,雪太大则阴德盛,有灾气。

[27]时义:据时令而言的道理。　远:深也。

[28]玄律:九月的天道运行规律。　穷:尽。

[29]严气:寒冷之气

[30]焦溪:源自焦泉的溪水。

[31]汤谷凝:冬夏常温的河谷之水也结了冰。

[32]火井:天然气之井。

[33]沸潭无涌:沸水之潭不再涌动。

[34]炎风:热风。

[35]北户:向北开的门。　墐扉:用泥巴将门上的缝隙涂上。

[36]裸壤:指裸人国。　垂缯:穿衣服。

[37]朔漠：北方的沙漠。
[38]连氛累霭：阴气重重。
[39]韬：遮掀。
[40]淅沥：雪粒降落之声。
[41]纷糅：纷乱貌。
[42]氛氲(yūn)：云气浓盛貌。
[43]蔼蔼浮浮：密集飘浮之状。
[44]瀌瀌(biāo)弈弈：繁密而往来翻飞貌。
[45]联翩：连绵不断。
[46]委积：堆集。
[47]缘甍(méng)：沿着屋脊。　冒栋：覆盖柱子。
[48]便娟(piánjuān)：轻盈回旋貌。　墀(chí)：台阶。　庑(wǔ)：廊屋。
[49]萦盈：轻飞貌。　帷席：帷帐与坐席。
[50]珪(guī)：玉器，上尖下方，古时王侯参加典礼时手中持珪。
[51]眄隰(miǎn xí)：斜视低洼阴湿之地。　缟(gǎo)：指白色。
[52]瞻：看。
[53]重璧：重叠的白璧。
[54]逵(kuí)：大路。　连璐：连缀的美玉。
[55]庭：院子。　瑶阶：玉石台阶。
[56]琼树：玉树。
[57]夺鲜：被夺去光彩。
[58]鹇(xián)：鸟名，羽毛白色。
[59]纨袖：白绢衣袖。　冶：鲜艳优美。
[60]姱(kuā)：娇美。
[61]积素未亏：指积雪未化。
[62]朝(zhāo)鲜：朝阳下一片鲜亮的白色。
[63]烛龙：传说口衔明烛照亮黑暗的龙。　昆山：昆仑山。
[64]垂冰：垂挂的冰锥。
[65]缘霤(liù)：顺着屋檐。　承隅：注满各个角落。
[66]冯夷(píngyí)：水神之名，即河伯。　蚌(bàng)：有介壳可开合的一种水生软体动物，能做珍珠。
[67]缤纷繁骛：繁多纷乱貌。
[68]皓旰皦絜：洁白光明貌。
[69]回散：回旋四散。　萦积：萦绕积聚。
[70]凝曜：凝结，辉耀。
[71]展转：反复变化。
[72]申：延续。
[73]风触楹：风吹屋柱。
[74]月承幌：月光上了帐幔。　通晖：照得通明。
[75]湘吴：二地名，在今湖南与江苏。　醇酎(zhòu)：美酒。
[76]御：穿上。　兼衣：穿两件以上的衣服。

[77]鹍(kūn):一种似鸡的鸟。

[78]相违:彼此违离。

[79]接手:携手,拉手。

[80]懑(mèn)然:惭愧貌。

[81]有怀:有感。 妍唱:妙曲,指以上司马相如之赋。

[82]敬接末曲:恭敬地接上自己的歌。

[83]作:起来,此指站立。

[84]披重幄:拉开重重帷帐。

[85]援绮衾:撩起有花纹的绸被。 芳缛:芳香的褥子。

[86]燎熏炉:点着熏香味的炉子。 炳:点燃。

[87]颜酡(tuó):因喝了酒而脸红。

[88]昵枕:靠近枕头,指睡觉。

[89]褫(chǐ)绅:解下衣带。

[90]卒:结束。

[91]寻绎:反复推求。

[92]扼腕:以手握腕,谓感情激动。

[93]枚叔:枚乘,其人字叔。

[94]乱:音乐的末章,此指赋末总结全文的段落。

[95]质以轻:质地过于轻。以通“已”,太,过于。

[96]玄阴凝:冬月冰冻。 昧洁:使洁白暗昧。

[97]曜:照耀。 固其节:不固守其节操,谓太阳照射雪即融化。

[98]值物赋象:遇上什么事物就随其象而赋形。

[99]班形:显示形态。

[100]素因遇立:白是随所遇之物而白的。

[101]污随染成:污秽也是随污染之物而成就的。

[102]纵心皓然:放任自己的心意于大自然中。皓然同“浩然”,指自然界。

[103]虑:思虑。 营:谋求。

新评

该赋借司马相如、邹阳、枚乘之口,描述了白雪的降落、堆积,歌咏了雪天士大夫的生活情状,表述了“值物赋象,任地班形,素因遇立,污随染成”的人生哲学,表现了南朝士大夫不讲求忠贞操守、随境逐时的混世人生观。作品在艺术上的成功之处是:其一,写雪景细腻形象,为《月赋》树立了榜样。如“蔼蔼浮浮,瀌瀌弈弈,联翩飞洒,徘徊委积”。“眄隰则万顷同缟,瞻山则千岩俱白……台如重璧,逵似连璐,庭列瑶阶,林挺琼树……”其二,借用人物对话推进情节发展,这又是赋体作品常见的形式。其三,分别由司马相如、邹阳、枚乘三人描摹抒情和说理,避免了行文重复和人物闲置。

芜城赋

鲍　照

题解

鲍照(约414—466),字明远,东海(今江苏连云港市东)人,曾有远大抱负,但因出身寒微而终生不得志。曾任临海王刘子顼(xù)的参军,世称鲍参军。在南朝宋齐年间,是成就极高的诗人,也是赋家、骈文家。南朝宋文帝元嘉二十七年十二月,北魏南侵,广陵(今扬州)太守刘怀之焚城。又宋孝武帝三年,竟陵王刘诞据广陵反叛,后被朝廷镇压,广陵城变成一片废墟。本赋的芜城即指广陵。

原文

沵迆平原[1],南驰苍梧涨海[2],北走紫塞雁门[3]。柂以漕渠[4],轴以昆岗[5]。重江复关之隩[6],四会五达之庄[7]。当昔全胜之时,车挂轊[8],人驾肩[9],廛闬扑地[10],歌吹沸天[11]。孳货盐田[12],铲利铜山[13]。才力雄富[14],士马精妍[15]。故能侈秦法[16],佚周令[17],划崇墉[18],刳浚洫[19],图修世以休命[20]。是以板筑雉堞之殷[21],井干烽橹之勤[22],格高五岳[23],袤广三坟[24],崪若断岸[25],矗似长云[26]。制磁石以御冲[27],糊赪壤以飞文[28]。观基扃之固护[29],将万祀而一君[30]。出入三代[31],五百余载,竟瓜剖而豆分[32]!

泽葵依井[33],荒葛罥途[34]。坛罗虺蜮[35],阶斗麕鼯[36]。木魅山鬼[37],野鼠城狐,风嗥雨啸[38],昏见晨趋[39]。饥鹰厉吻[40],寒鸱吓雏[41]。伏虣藏虎[42],乳血飡肤[43]。崩榛塞路[44],峥嵘古馗[45]。白杨早落,塞草前衰[46]。棱棱霜气[47],蔌蔌风威[48]。孤蓬自振[49],惊沙坐飞[50]。灌莽杳而无际[51],丛薄纷其相依[52]。通池既已夷[53],峻隅又已颓[54]。直视千里外,唯见起黄埃。凝思寂听,心伤已摧[55]。

若夫藻扃黼帐[56],歌堂舞阁之基;琁渊碧树[57],弋林钓渚之馆[58];吴蔡齐秦之声[59],鱼龙爵马之玩[60];皆薰歇烬灭[61],光沉响绝。东都妙姬[62],南国丽人,蕙心纨质[63],玉貌绛唇,莫不埋魂幽石,委骨穷尘,岂忆同舆之愉乐[64],离宫之苦辛哉[65]?

天道如何?吞恨者多[66]。抽琴命操[67],为芜城之歌[68]。歌曰:“边风急兮城上寒,井径灭兮丘陇残[69]。千龄兮万代[70],共尽兮何言!”

注释

[1]沵迤(mǐyí):相连渐平貌。

[2]南驰:向南到达。　苍梧:汉郡名,今广西梧州一带。　涨海:南海的别称。

[3]北走:向北延伸。　紫塞:指长城,因长城土色发紫,故称。　雁门:汉郡名,在今山西代县一带。

[4]柂(tuó):引。　漕渠:古邗(hán)沟,今江苏江都至淮南的一段运河,是古代运粮的河道。

[5]轴:车轴,代指车。 昆冈:地名,广陵即建于其上。上二句谓广陵有漕渠可以通航,有昆冈可以通车。

[6]重江复关:江河条条,关塞层层。 隩(ào):深邃之地。即"隩区"。

[7]四会五达:四方来会,五方通达。 庄:大道,交通枢要。

[8]挂辖(wèi):车轴相碰撞,谓车多。

[9]驾肩:(互相)抬起肩膀,谓人拥挤。

[10]廛(chán):居民区。 闬(hàn):里巷之门。 扑地:满地,遍地。

[11]歌吹:歌声与音乐声。 沸天:喧天,响彻云霄。

[12]孳货:滋生财富。

[13]铲利:产生利润,铲同"产"。

[14]才力:即"材力"。

[15]妍:美好。句谓人强马壮。

[16]侈:超越。

[17]佚:通"轶",超过。

[18]划:割开,指修建。 崇墉(yōng):高峻的城墙。

[19]刳(kū):开挖。 浚洫(xùnxù):深深的护城河。

[20]修世休命:永世好命运。

[21]板筑:筑墙使用的木板和木杵,指筑墙。 雉:长三丈高一丈的城墙。 堞:即女墙,城墙上齿状矮墙。 殷:盛大。

[22]井干(hán):如同井上木栏一般。 烽橹:烽火台与望楼,是城上报警的设备。 勤:尽力修筑。

[23]格:度量。 高五岳:高过五岳之山,即高过泰山、华山、恒山、嵩山、衡山。这是夸张的说法。

[24]袤:宽度。 广三坟:比"三坟"还要宽广。"三坟"说法不一,或谓与广陵相连的兖州、青州与徐州之土色。《尚书·禹贡》谓兖州土黑坟,青州土白坟,徐州土赤坟。

[25]崒(zú):高峻。 断岸:陡峭的崖岸。

[26]矗(chù):高耸上出。

[27]制磁石:以磁石修筑城门。 御冲:防御突袭。

[28]糊赪壤:粘上赤色泥巴。 飞文:飞光流彩的图案。此连上句,谓设防严密,制筑豪华。

[29]扃(jiōng):门闩,指城门。

[30]万祀(sì):万代。

[31]三代:指汉、魏、晋。

[32]瓜剖豆分:如瓜被切开,豆被分裂。

[33]泽葵:莓苔。 井:市井,居民区。

[34]葛:蔓草。 罥(juàn):挂。

[35]坛:殿堂。 罗:罗列。 虺蜮(huǐ yù):毒蛇与短狐。

[36]麏鼯(jūn wú):獐子和飞鼠。

[37]木魅山鬼:山林中的鬼怪。

[38]风嗥雨啸:如风声狂吼,如雨声大叫,嗥,同"号"(háo)。

[39]昏见(xiàn):黄昏时出现。 趋:逃走。

[40]厉吻:磨嘴。

[41]鸱(chī):鹞鹰。 吓(hè)雏:恐吓幼鸟。

[42]虣(bào):虎类猛兽。

[43]乳血:饮血。 飡肤:吃肉。
[44]崩榛:倒伏的榛树。榛,有刺的灌木。
[45]峥嵘古馗(kuí):使大路万分阴森。馗,同"逵",大路。
[46]前衰:先已枯萎。
[47]棱棱:形容严冷。
[48]蔌蔌(sù):风声强劲。
[49]孤蓬:蓬草。 自振:自己拔地而起。
[50]坐飞:无故而飞。
[51]灌莽:灌木杂草。 杳:幽深。
[52]丛薄:杂草聚生。
[53]通池:疏通了的城壕。 夷:平,淤塞。
[54]峻隅:高城。 颓:倒塌。
[55]摧:悲伤。
[56]藻扃黼帐:彩绘的门,绣花的帷帐。
[57]琁渊:玉池。 碧树:玉树。
[58]弋林钓渚:射猎的树林,钓鱼的小沙洲。
[59]吴蔡齐秦:泛指全国各地。 声:音乐。
[60]鱼龙爵马:同"鱼龙雀马",指各种技艺。
[61]薰歇烬灭:香味消散,馀火扑灭。
[62]东都妙姬:洛阳的美人。
[63]蕙心纨质:如兰蕙之心,如冰纨之质。
[64]舆:车。
[65]离宫:离别皇上的宫殿。
[66]吞恨:抱憾。
[67]抽琴命操:取出琴来弹奏乐曲。
[68]芜城:荒芜的城池。
[69]丘陇:坟墓。 残:损毁。
[70]令:时令。

新评

本赋通过对广陵城战乱前后情形的描写,表现了作者对于兵燹战乱的深恶痛绝。它在艺术上的优势是:一、以夸张的手法凸显广陵城修筑的美丽与战乱的破坏程度,如曰修筑时是"格高五岳,袤广三坟",兵祸后是"饥鹰厉吻,寒鸱吓雏"等均是。二是通过对比表达了作者的心情。可惜的是赋文对人民大众在战乱中所受的苦难未加表现,这又体现了作者的士大夫立场。

登大雷岸与妹书

鲍　照

题解

鲍照的妹妹鲍令晖是南朝著名的女诗人。宋文帝元嘉十六年(439)秋日，临川王刘义庆征召鲍照至江州(今江西九江)，鲍照由京都(今南京)出发，到大雷(在今安徽望江县)时给妹妹写了此信，描写自己旅途的艰辛。登大雷岸所见到的山川景色，也抒发了自己离乡远游的羁旅之情。

原文

吾自发寒雨[1]，全行日少[2]，加秋潦浩汗[3]，山溪猥至[4]，渡泝无边[5]，险径游历[6]，栈石星饭[7]，结荷水宿[8]，旅客贫辛，波路壮阔[9]，始以今日食时[10]，仅及大雷[11]。途登千里[12]，日踰十晨[13]，严霜惨节[14]，悲风断肌[15]，去亲为客，如何如何[16]！

向因涉顿[17]，凭观川陆[18]；遨神清渚[19]，流睇方曛[20]；东顾三洲之隔[21]，西眺九派之分[22]；窥地门之绝景[23]，望天际之孤云。长图大念，隐心者久矣[24]！南则积山万状[25]，负气争高[26]，含霞饮景[27]，参差代雄[28]，凌跨长陇[29]，前后相属[30]，带天有匝[31]，横地无穷[32]。东则砥原远隰[33]，亡端靡际[34]。寒蓬夕卷，古树云平。旋风四起，思鸟群归[35]。静听无闻，极视不见。北则陂池潜演[36]，湖脉通连[37]。苎蒿攸积[38]，菰芦所繁[39]。栖波之鸟[40]，水化之虫[41]，智吞愚，强捕小，号噪惊聒[42]，纷乎其中[43]。西则回江永指[44]，长波天合[45]。滔滔何穷[46]，漫漫安竭！创古迄今，舳舻相接。思尽波涛[47]，悲满潭壑[48]。烟归八表[49]，终为野尘[50]。而是注集[51]，长写不测[52]，修灵浩荡[53]，知其何故哉！西南望庐山，又特惊异[54]。基压江潮[55]，峰与辰汉相接[56]。上常积云霞，雕锦缛[57]。若华夕曜[58]，岩泽气通[59]，传明散彩[60]，赫似绛天[61]。左右青霭[62]，表里紫霄[63]。从岭而上，气尽金光[64]，半山以下，纯为黛色。信可以神居帝郊[65]，镇控湘、汉者也[66]。若潨洞所积[67]，溪壑所射[68]，鼓怒之所豗击[69]，涌澓之所宕涤[70]，则上穷荻浦[71]，下至狶洲[72]，南薄燕辰[73]，北极雷澱[74]，削长埤短[75]，可数百里。其中腾波触天[76]，高浪灌日[77]，吞吐百川[78]，泻泄万壑。轻烟不流，华鼎振涾[79]。弱草朱靡[80]，洪涟陇蹙[81]。散涣长惊[82]，电透箭疾[83]。穹溘崩聚[84]，坻飞岭覆[85]。回沫冠山[86]，奔涛空谷[87]。碪石为之摧碎[88]，碕岸为之齑落[89]。仰视大火[90]，俯听波声，愁魄胁息[91]，心惊栗矣[92]！至于繁化殊育[93]，诡质怪章[94]，则有江鹅、海鸭、鱼鲛、水虎之类[95]，豚首、象鼻、芒须、针尾之族[96]，石蟹、土蜂、燕箕、雀蛤之俦[97]，折甲、曲牙、逆鳞、返舌之属[98]。掩沙涨[99]，被草渚[100]，浴雨排风[101]，吹涝弄翮[102]。夕景欲沉[103]，晓雾将合[104]，孤鹤寒啸，游鸿远吟，樵苏一叹[105]，舟子再泣[106]。诚足悲忧[107],不可说也。

风吹雷飙[108],夜戒前路[109]。下弦内外[110],望达所届[111]。寒暑难适[112],汝专自慎[113]。夙夜戒护[114],勿我为念[115]。恐欲知之,聊书所睹。临涂草蹙[116],辞意不周[117]。

注释

[1]发寒雨:从秋日的寒雨中出发。

[2]全行日少:整天赶路的情形不多。

[3]秋潦(lǎo):秋日的雨水。 浩汗:水盛大貌。

[4]猥:多。

[5]渡泝(sù):或横渡水流或逆水而行。 无边:指水势无边无际。

[6]险径:险道。

[7]栈石:凿崖架设木条的栈道。 星饭:星光下吃饭。

[8]结荷水宿:铺荷叶以为床,在水边湿地上歇宿。

[9]波路:水中之路。

[10]食时:辰时,上午8时前后。

[11]仅及:只到达。

[12]途登千里:走了一千多里路。

[13]逾十晨:过了十多天。

[14]惨节:惨淡的节令。

[15]断肌:肌肤断裂。

[16]如何:无可奈何。

[17]涉顿:行旅。水行为涉,止宿为顿。

[18]凭观:借以观察。

[19]遨神:散心。 渚(zhǔ):水中小块陆地。

[20]流睇:纵目。 方曛:正当傍晚时分。

[21]东顾:向东方回顾。 三洲之隔:大雷与京都建业(今南京)有淮上洲诸之隔。《诗经·小雅·鼓钟》有曰:"淮有三洲。"

[22]西眺:向西方眺望。 九派:长江流域九江一带,分为九个系统。派,水的支流。

[23]地门:今陕西武关附近,两面高山对峙如门,称"地门"。 绝景:险绝的景象。

[24]长图大念:长远的规划,宏大的抱负。

[25]积山万状:重重叠叠的山岭,万种形态。

[26]负气争高:像凭借气势,争为高峻。

[27]饮景:吸纳日光。景,日光。

[28]参差代雄:高低不齐,迭为雄长。

[29]凌跨长陇:凌驾跨越连绵不断的山峰。

[30]属(zhǔ):连接。

[31]带天有匝:像带子环绕天际一周。 匝(zhá):一周。

[32]横地:横亘在大地。

[33]砥原远隰:平坦的原野、广远的湿地。

[34]亡端靡际:没有尽头,没有边际。 亡,无。

[35]思鸟：恋巢的鸟。
[36]陂(bēi)池：池塘。　潜演：水从暗中流过。
[37]湖脉通连：湖泊与河港相通。
[38]苎蒿：野生的苎麻与青蒿。　攸：所。
[39]菰芦：菰米与芦苇。
[40]栖波：栖息于波涛之间。
[41]水化之虫：水生动物。
[42]号噪惊聒(guō)：号叫，喊叫，惊讶地聒噪。
[43]纷：乱腾腾的。　乎：在。
[44]回江：迂回曲折的江流。　永指：一直奔流前进。
[45]天合：与天相接。
[46]何穷：哪有穷尽。
[47]舳舻(zhòu lú)：大船。　思：愁思。
[48]潭壑：深水沟壑。
[49]八表：八方之外。
[50]野尘：尘埃。《庄子·逍遥游》："野马也，尘埃也。"
[51]而是：但此(指长江)。　注集：流注汇合。
[52]长写不测：长流不断，无法计量。写，同"泻"。
[53]修灵浩荡：即《离骚》之"灵修浩荡"。"灵修"指天，即大自然；浩荡，广漠难知貌。
[54]惊异：惊诧怪异，指庐山的景色使人震惊诧异。
[55]基：指山之基，即山脚。
[56]辰汉：星汉，指银河。
[57]雕锦缛：像刻镂着缤纷的文彩。缛，文彩。
[58]若华：若木的光华。
[59]岩泽气通：飘浮于庐山山岩与长江水泽间的云烟通畅无阻。
[60]传明：从云层中透过光芒。　散彩：散射出光彩。
[61]赫似绛天：天被烧得红红的，如同红色的天宇。
[62]青霭：青白色的云雾。
[63]表里紫霄：内外皆是紫色的天空。
[64]气尽金光：气息消失于金光之后，指庐山山顶金光灿烂。
[65]信：确实，真是。　神居帝郊：神灵居住帝王郊祀。
[66]镇控：镇压，控制。
[67]潨(zhòng)洞所积：大小水流奔腾而积聚。潨，小水汇入大水；洞，流得很急的水。
[68]射：水的奔流。
[69]鼓怒：形容波涛的汹涌。　豗(huī)击：冲击。
[70]涌澓(fú)：汹涌的回流。　宕涤：冲荡。
[71]荻浦：地名，亦叫荻港，在今安徽铜陵。
[72]猕洲：地名，当指大官湖、龙威湖一带。
[73]燕𠂢(pài)：亦指地名，今址不详。
[74]雷澱：即雷池。

[75]埤(pí):增益。
[76]腾波:腾起的水波。
[77]灌日:形容波浪高。
[78]百川:形容水流极多。
[79]华鼎振涾(tà):有文采的鼎内沸水波荡摇曳。涾,沸溢。
[80]弱草朱靡:柔弱的野草开红花,随风倒伏。
[81]洪涟:大波浪。 陇蹙:山一样压下来。蹙,压迫。
[82]散涣:风吹水流涣开貌。
[83]电透箭疾:水流之疾,如闪电,如飞箭。
[84]穹溘(kōng kè):古双声字,喻水势很大。 崩聚:像山崩,如水聚。
[85]坻飞岭覆:水势极大,水中高地被卷走,山岭亦被浪头覆盖。
[86]回沫冠山:回溅的水沫盖过山岭。
[87]空谷:将山谷水石一卷而空。
[88]碪(zhēn)石:很大的捣衣石。碪,同"砧"。
[89]碕(qí)岸:曲岸。碕,同"埼"。 齑(jī)落:像碎沫一样坠落。
[90]大火:即火星,以颜色赤故,称"大火"。
[91]胁息:屏气不敢呼吸。
[92]惊栗:惊讶,战栗。
[93]繁化殊育:多种多样奇异的生物。
[94]诡质怪章:奇异的躯体,稀奇的颜色花纹。
[95]水虎:鳄鱼。
[96]豚首:江豚。 象鼻:巨鱼。 芒须:一种虾。 针尾:尾有刺的鱼。
[97]燕箕:魟(gōng)鱼。 雀蛤:古代传说,雀入大水化为蛤。
[98]折甲:鳖,一名折甲翁。 曲牙:齿牙如刀锯锋利的鱼。 逆鳞:传说中的龙类。 返舌:指虾蟆一类,据说其舌反向。
[99]沙涨:水退后的沙滩。
[100]草渚:青草丛生的小洲。
[101]排风:乘风而行。
[102]吹涝弄翮:吹大水波,在水上飞翔。
[103]景:阳光。
[104]合:合拢。
[105]樵苏:打柴割草者。
[106]舟子:船夫。
[107]诚:实在。
[108]飙:疾暴。
[109]戒:防备。
[110]下弦:下半月二十二、三日,月形如弓,弓弦向下,故称。
[111]达所届:到达所要到的地方,指江州。
[112]难适:不易适应。
[113]汝:你,指其妹鲍令晖。 自慎:自己保重。

[114]夙夜：早晚。

[115]勿我为念：不要挂念我。

[116]草蹙：匆促写就。

[117]不周：不能详尽。

新评

本赋描绘了作者登大雷岸所见风物，抒发了寒门士子旅途的辛劳悲苦，是其人生忧思的生动写照。有人评曰："足与《行路难》并美。"该赋的艺术成就是：一、以优美的辞藻描绘了路途所见景物，犹如一幅幅绝妙的风景画。如写长江的宽广与波澜壮阔："长波天合，滔滔何穷，漫漫安竭。""腾波触天，高浪灌日，吞吐百川，泻泄万壑。"确有一种包蕴乾坤的雄浑之美。又如写群山，则曰："带天有匝，横地无穷。"具有一种"吞吐大荒"的豪放之美。二、运用了赋体的铺排手法，也使用了一些生僻文字。如"凭观川陆"时"写到了"东顾"、"西眺"、"窥地门"、"望天际"，又沿着"南则……"、"东则……"、"北则……"、"西则……"进行铺写，是典型的赋体文章的铺陈文字。其中，"舳舻"、"野尘"、"修灵"、"滐洞"、"硻击"、"振溚"等，则是较为生僻的文字，虽然如此，但因立意新颖，构思巧妙，描绘生动，仍不失为千古名文。

月　赋

谢　庄

题解

谢庄(421—466)，字希逸，陈郡阳夏(今河南太康)人，南朝宋文学家，曾任吏部尚书，宋明帝时为金紫光禄大夫。《月赋》是骋辞的作品，假托曹植命王粲作赋写月，因而是摹仿谢惠连《雪赋》格局之作。

原文

陈王初丧应刘[1]，端忧多暇[2]。绿苔生阁，芳尘凝榭[3]。悄焉疚怀[4]，不怡中夜[5]。乃清兰路[6]，肃桂苑[7]，腾吹寒山[8]，弭盖秋阪[9]。临浚壑而怨遥[10]，登崇岫而伤远[11]。于时斜汉左界[12]，北陆南躔[13]，白露暧空[14]，素月流天[15]。沉吟齐章[16]，殷勤陈篇[17]。抽毫进牍[18]，以命仲宣[19]。

仲宣跪而称曰：臣东鄙幽介[20]，长自丘樊[21]。昧道懵学[22]，孤奉明恩[23]。

臣闻沉潜既义[24]，高明既经[25]，日以阳德[26]，月以阴灵[27]。擅扶光于东沼[28]，嗣若英于西冥[29]。引玄兔于帝台[30]，集素娥于后庭[31]。朒朓警阙[32]，朏魄示冲[33]。顺辰通烛[34]，从星泽风[35]。增华台室[36]，扬采轩宫[37]。委照而吴业昌[38]，沦精而汉道融[39]。

若夫气霁地表[40]，云敛天末[41]，洞庭始波，木叶微脱[42]。菊散芳于山椒[43]，雁流哀于江濑[44]；升清质之悠悠[45]，降澄辉之蔼蔼[46]。列宿掩缛[47]，长河韬映[48]；柔祇雪凝[49]，圆灵水镜[50]；连观霜缟[51]，周除冰净[52]。君王乃厌晨欢，乐宵宴；收妙舞，弛清悬[53]；去烛房，即月殿[54]；芳酒登[55]，鸣琴荐[56]。若乃凉夜自凄[57]，风篁成韵[58]。亲懿莫从[59]，羁孤递进[60]。聆皋禽之夕闻[61]，听朔管之秋引[62]。

于是弦桐练响[63]，音容选和[64]。徘徊《房露》[65]，惆怅《阳阿》[66]。声林虚籁[67]，沦池灭波[68]。情纡轸其何托[69]，愬皓月而长歌[70]。

歌曰："美人迈兮音尘阙[71]，隔千里兮共明月。临风叹兮将焉歇[72]？川路长兮不可越[73]。"歌响未终，馀景就毕[74]。满堂变容，回遑如失[75]。

又称歌曰："月既没兮露欲晞[76]，岁方晏兮无与归。佳期可以还？微霜沾人衣。"

陈王曰："善。"乃命执事，献寿羞璧[77]。"敬佩玉音，复之无斁[78]"。

注释

[1]陈王：指陈思王，即曹植。　应刘："建安七子"中的应玚与刘桢。他们都是曹植的文友。

[2]端忧：正发着忧愁。

[3]榭(xiè)：高台上所建的房子。

[4]悄焉：深忧貌。　疚怀：伤怀，情绪恶劣。

[5]不怡：不愉快。

[6]清兰路：清扫长着木兰的道路。

[7]肃桂苑：使长有桂树的苑囿肃穆。

[8]腾吹：使管乐升腾。

[9]弭盖：指停车。盖，车盖，车上遮阳挡雨的伞状器物。弭，止。　阪(bǎn)：同"坂"，山坡。

[10]涘壑：幽深的山谷。

[11]崇岫(xiù)：高山。

[12]斜汉：斜在天空中的银河。

[13]北陆南躔：太阳从北边的黄道线向南运行。陆，黄道线；躔(chán)：日月星辰运行的位次。

[14]暧：不明亮。

[15]素月：白色的月光。

[16]齐章：指《诗经·齐风·东方之日》，其第二章为咏月之诗。

[17]殷勤：反复诵读。　陈篇：指《诗经·陈风·月出》。该诗首句："月出皎兮。"

[18]毫：毛笔。　牍：写字的木片。

[19]仲宣：王粲之字。

[20]东鄙幽介：东方偏僻之地幽昧孤介之人。

[21]丘樊：山畔。

[22]昧道懵学：不懂得大道，没有学识。

[23]孤奉：辜负承受。孤，同"辜"。

[24]沉潜：指大地。

[25]高明：指天空。

[26]阳德:月光普照。

[27]阴灵:月光洒满。

[28]擅扶光:独挟扶桑之光。　东沼:东方日浴之池,指汤谷。

[29]嗣若英:承接若木之光华。若木为神话中日落处之神树。　西冥:西方日落之所。

[30]玄兔:月中玉兔。

[31]素娥:嫦娥。月色白,故称"素娥"。

[32]朒朓(nù tiào):夏历月初与月末的微月。　警阙:警戒人们懂得缺失。阙,同"缺"。

[33]朏(fěi):月初复明之月。　魄:月轮廓间没有光的地方。　示冲:警示人们要懂得谦虚。冲,谦虚。

[34]顺辰:顺着十二辰。　通烛:普照。

[35]从星:随着箕星和毕星。　泽风:月亮经过箕星当刮风,经过毕星要下雨。

[36]台室:即三台星,古人以三台星与三公相应。

[37]轩宫:即轩辕星,星座名。古人以轩辕星与后妃相应。

[38]委照:投下光亮。　吴业昌:吴国的帝业昌盛。传东吴孙策之母梦月亮入怀而生孙策,奠定了吴国的基业。

[39]沦精:降下精华。　汉道融:使汉朝政治更加清明。传汉元帝之岳母梦月入怀而生女,此女后为元帝皇后。

[40]霁(jì):云雾消散。

[41]天末:天边。

[42]脱:脱落,落下。

[43]山椒:山顶。

[44]江濑:江水很急的滩头。

[45]清质:指月亮。　悠悠:迟缓的样子。

[46]澄辉:澄澈的光辉,指月光。　蔼蔼:柔和貌。

[47]掩缛:遮掩了繁密的光彩。

[48]韬映:收藏起光亮。

[49]柔祇(qí):柔和的大地。祇,本指地神,此代大地。

[50]圆灵:圆润的天宇。古人认为天圆地方。

[51]连观(guàn):相连相接的宫观。　缟:白绢,此指白色。

[52]周除:四周的台阶。

[53]弛清悬:停止了清雅的演奏。弛,松弛,此指解下;悬,指悬挂的乐器,为钟、磬之类。

[54]即月殿:到达有月光的殿堂。

[55]登:进献上去。

[56]荐:进献。

[57]自凄:本自凄清。

[58]风篁:风吹竹林发出的声音。

[59]亲懿:至亲之人。

[60]羁孤:寄居他乡的单身之人。　递进:一个接一个到来。

[61]聆皋禽:听到鹤鸣。《诗经·小雅·鹤鸣》:"鹤鸣九皋,声闻于天。"

[62]朔管:羌笛。朔,北方少数民族;管,吹奏乐器,指笛。　引:乐曲之一体,此代乐曲。

[63]弦桐:指琴,桐为制琴的上等原料。　练响:选择声响,指调弦。

[64]音容：音乐风格。 选和：选用与情景谐和者。
[65]房露：古乐曲名。 徘徊：指曲调缠绵。
[66]阳阿：古曲调名。 惆怅：指曲调忧伤。
[67]声林：风吹而作响的树林。 虚籁：绝响。
[68]沦池：风吹而有波纹的水池。 灭波：波纹消失。
[69]情纡轸：感情郁结悲痛。
[70]愬皓月：向空际的月亮倾诉。愬，通“遡”。
[71]美人：指前述的应瑒与刘桢。 迈：离去。
[72]焉歇：何以停歇。
[73]川路：水路。
[74]馀景：月光馀晖。
[75]回遑：彷徨。
[76]晞：干。
[77]献寿羞璧：进酒、献上玉器。羞，进献；璧，指玉器。
[78]无斁(yì)：不倦。

新评

本赋以月下怀人写起，终结于以月下怀念“美人”的歌唱，则后之“美人”与前述之“应刘”应是一致的，它创造了一个柔美而徬徨的意境，表现出对于人生短暂、岁月流逝的哀伤，意境与赋作的文旨还是谐调一致的。另外见月缺则想到了缺失与谦冲，也不乏一定的积极意义。

在艺术上，本赋的好处是其一，运用侧面描写的方法写出了月光、月色。如说“柔祇雪凝，圆灵水镜，连观霜缟，周除冰净”等即是。其二，创造了“升清质”、“降澄辉”的优美意境，用以衬托怀人的主旨，使二者达到和谐一致。其三，发展了魏晋骈文的形式美，不少句子句法对偶，讲求平仄，又极富音乐美。如“厌晨欢，乐宵宴”；“去烛房，即月殿”；“芳酒登，鸣琴荐”；“腾吹寒山，弭盖秋阪”；“临浚壑而怨遥，登崇岫而伤远”等句，显得极其自然而灵动。

宋书·谢灵运传论

沈　约

题解

沈约(441—513)，字休文，吴兴武康(今浙江德清县西千秋镇)人，历仕宋、齐、梁三代，是齐梁之际的文坛领袖，著名的文学家和史学家。

《宋书》是沈约的主要史学著作，其他史著如《梁书》等均已散佚。《宋书》中的《谢灵运传论》与《恩倖传论》都是很重要的史论篇章，前者专论历代文学，可以看作是一部简单的文学发展史。在该论中，作者特别提出了自己引以为自豪的声律说理论，并说“妙达此者，始可言文”，表现出他对声律理论的重视。

【原文】

史臣曰：民禀天地之灵[1]，含五常之德[2]，刚柔迭用[3]，喜愠分情[4]。夫志动于中[5]，则歌咏外发[6]。六义所因[7]，四始攸系[8]，升降讴谣[9]，纷披风什[10]。虽虞夏以前[11]，遗文不睹，禀气怀灵，理无或异。然则歌咏所兴[12]，宜自生民始也[13]。周室既衰[14]，风流弥著[15]，屈平、宋玉，导清源于前[16]，贾谊、相如，振芳尘于后[17]，英辞润金石[18]，高义薄云天[19]。自兹以降，情志愈广。王褒、刘向、扬、班、崔、蔡之徒[20]，异轨同奔[21]，递相师祖[22]。虽清辞丽曲，时发乎篇，而芜音累气[23]，固亦多矣[24]。若夫平子艳发[25]，文以情变，绝唱高踪，久无嗣响[26]。至于建安[27]，曹氏基命[28]，二祖陈王[29]，咸蓄盛藻[30]，甫乃以情纬文[31]，以文被质[32]。自汉至魏，四百余年，辞人才子，文体三变。相如巧为形似之言[33]，班固长于情理之说[34]，子建、仲宣以气质为体[35]，并标能擅美[36]，独映当时[37]。是以一世之士，各相慕习，原其飙流所始[38]，莫不同祖风、骚[39]。徒以赏好异情，故意制相诡[40]。降及元康[41]，潘、陆特秀[42]，律异班、贾[43]，体变曹、王[44]，缛旨星稠[45]，繁文绮合[46]。缀平台之逸响[47]，采南皮之高韵[48]，遗风馀烈，事极江右[49]。有晋中兴[50]，玄风独振[51]，为学穷于柱下[52]，博物止乎七篇[53]，驰骋文辞，义单乎此[54]。自建武暨乎义熙[55]，历载将百，虽缀响联辞，波属云委，莫不寄言上德[56]，托意玄珠[57]，遒丽之辞[58]，无闻焉尔。仲文始革孙、许之风[59]，叔源大变太元之气[60]。爰逮宋氏[61]，颜、谢腾声[62]。灵运之兴会标举[63]，延年之体裁明密[64]，并方轨前秀[65]，垂范后昆[66]。若夫敷衽论心[67]，商榷前藻[68]，工拙之数[69]，如有可言。夫五色相宣[70]，八音协畅[71]，由乎玄黄律吕[72]，各适物宜。欲使宫羽相变[73]，低昂互节[74]，若前有浮声[75]，则后须切响[76]。一简之内，音韵尽殊[77]；两句之中，轻重悉异[78]。妙达此旨，始可言文。至于先士茂制，讽高历赏[79]，子建函京之作[80]，仲宣霸岸之篇[81]，子荆零雨之章[82]，正长朔风之句[83]，并直举胸情，非傍诗史[84]，正以音律调韵，取高前式[85]。自骚人以来[86]，多历年代，虽文体稍精，而此秘未睹[87]。至于高言妙句，音韵天成，皆闇与理合[88]，匪由思至。张、蔡、曹、王[89]，曾无先觉，潘、陆、谢、颜，去之弥远[90]。世之知音者，有以得之，知此言之非谬。如曰不然，请待来哲[91]。

【注释】

[1]禀：受也。

[2]五常：即五行，金、木、水、火、土。其德指仁、义、礼、智、信。

[3]刚柔：人性刚强或柔弱。

[4]愠：怒。

[5]志动于中:情志在内心萌动。
[6]歌咏外发:歌咏的声音在言辞中表现出来。
[7]六义:指风、赋、比、兴、雅、颂。
[8]四始攸系:风、小雅、大雅、颂四类诗篇所统领。
[9]升降:世道的升降。　讴谣:讴吟和歌谣。
[10]纷披:许多。　风什:诗篇。什,《诗经》的雅诗和周颂每十篇为一个单位,称为"什",此代指诗篇。
[11]虞、夏:虞舜和夏朝。
[12]歌咏所兴:歌谣的产生。
[13]自生民始:从人类社会开始就有了。
[14]周室:周王朝。
[15]风流:指文彩。　弥著:更显著,更卓异。
[16]导清源:开拓了清雅的源泉,指具有开创之功。
[17]相如:指司马相如。　振芳尘:喻指继承前绪。
[18]英辞:清秀的辞说。　润金石:使金钟石磬更加滋润,谓清秀的辞语使音律更加谐和。
[19]高义:崇高的思想。　薄云天:迫近高天。
[20]扬、班、崔、蔡:扬雄、班固、崔骃、蔡邕,都是汉赋大家。
[21]异轨同奔:由不同的道路走向同一个目标。
[22]师祖:认为是老师和祖先。
[23]芜音累气:芜杂的音韵,重复的内容,喻指粗劣的作品。
[24]固亦多:本就不少。
[25]平子艳发:张衡文彩焕发。平子,张衡之字。
[26]绝唱:指张衡的七言诗《四愁诗》,在汉代没有人续写了。　高踪:难以企及的高水平。　嗣响:继作。
[27]建安:汉献帝的年号(196—220)
[28]曹氏基命:曹家父子掌握权力。
[29]二祖陈王:指曹操、曹丕(以上指"二祖",魏武帝、魏文帝)、曹植(以上指"陈王",即陈思王)。
[30]蓄盛藻:胸中藏有许多优美辞藻。
[31]甫:始。　以情纬文:根据感情组织文辞。
[32]文被质:用文辞润饰内容。被,覆盖,指润饰。
[33]相如:司马相如。　形似之言:指长于描写。
[34]情理之说:长于抒情说理。
[35]气质:才性。　体:风格。
[36]标能擅美:标榜能力,专擅美名。
[37]独映:独自映照。
[38]飙流:风流。
[39]同祖风、骚:都以《诗经》、《楚辞》为祖。风,指《诗》的十五国风,代《诗经》;骚,《离骚》,代楚辞。
[40]意制:指作品。"意"指思想内容,"制"指文学形式。　诡:不同。
[41]元康:晋惠帝年号(291—299)。
[42]潘陆:潘岳、陆机。
[43]班、贾:班固、贾谊。
[44]曹王:曹植、王粲。

[45]缛旨:繁杂的题旨。

[46]繁文:繁密的文采。

[47]平台:汉代梁孝王刘武在其封地大梁城东招待四方才士的地方,地广 30 里。 逸响:辞赋作品不平凡的声韵。

[48]南皮:魏文帝曹丕与吴质、阮瑀等人共同游赏的地方。 高韵:高雅的韵调。

[49]江右:指西晋。

[50]中兴:指东晋。

[51]玄风:谈玄说理的风气。

[52]柱下:老子曾为周朝的柱下史,此指《老子》。

[53]七篇:《庄子》内篇共有七篇文章,此指《庄子》。

[54]单:同殚,尽。

[55]建武:晋元帝的年号(317)。 义熙:晋安帝的年号(405—418)。

[56]上德:指老子哲学。《老子》第 38 章:"上德不德,是以有德。"

[57]玄珠:指大道。《庄子·天地》载,黄帝遗失了玄珠。

[58]遒丽:遒劲而华美。

[59]仲文:陈郡之殷仲文。 孙、许:孙绰、许询。

[60]叔源:谢混之字。 太元:晋孝武帝的年号(376—396)。太元之气,指玄言诗风。

[61]爰逮:至于,到了。

[62]颜谢:颜延之、谢灵运。

[63]兴会:兴致。

[64]体裁:诗文结构及文风词藻。

[65]方轨:并轨,指并驾齐驱。 前秀:前代杰出作家。

[66]垂范:留下范式。 后昆:后代。

[67]敷衽论心:促膝谈心。敷衽,铺开衣襟。南朝人席地而坐,坐时先把衣襟铺开。

[68]商榷前藻:商讨评价前人的作品。

[69]工拙之数:工巧或笨拙的规律。

[70]五色相宣:红、黄、蓝、白、黑五种色彩互相衬托。

[71]八音:金、石、丝、竹、匏、土、革、木八种乐器所发的声音。 协畅:和谐流畅。

[72]玄黄:指颜色变化的规律。 律吕:音声变化的规律。

[73]宫羽:平声和仄声。

[74]低昂互节:低音与高音互相调节。

[75]浮声:平声。

[76]切响:仄声。

[77]一简……尽殊:一句诗之内,音声大不相同。一简,一个竹简,写五字,即一句诗。

[78]两句……悉异:两句指一联诗之中,其平仄应互不相同。

[79]先士茂制:前代文人的优秀作品。 讽高历赏:讽诵前人高唱,历来多有人欣赏。

[80]子建:曹植,子建其字。 "函京"之作:指曹植《赠丁仪王粲诗》,首句为:"从军渡函谷,驱马过西京。"

[81]仲宣:王粲,仲宣其字。 霸岸之篇:指王粲《七哀诗》,中有"南登霸陵岸,回首望长安"句。

[82]子荆:孙楚,子荆其字。 零雨之章:指其《征西官属送于陟阳候作诗》,中有句曰:"晨风飘歧路,零雨被秋草。"

[83]正长：王瓒，正长其字。 朔风之句：指其《杂诗》，首句为："朔风动秋草，边马有归心。"

[84]傍诗史：依傍诗歌史上的作品。此句谓并未模仿他人。

[85]取高前式：高出于人的法式。

[86]骚人：诗人，由于《离骚》系屈原所作，所以称"诗人"为骚人。

[87]稍精：渐渐精熟。 此秘未睹：没有发现这个秘密。

[88]闇：同"暗"，谓非人力所为。

[89]张、蔡、曹、王：张衡、蔡邕、曹植、王粲。

[90]潘、陆、颜、谢：潘岳、陆机、颜延之、谢灵运。 弥远：更远。

[91]来哲：未来的哲人。哲，聪明，智慧。

新评

此文表现了作者对上古文学发展的看法。他认为诗骚是古代诗赋的祖源，汉代至魏初，文体有三大变化：司马相如长于描写，班固长于抒情说理，曹植、王粲文情并茂；西晋中期是潘岳、陆机的天下，惜乎他们"缛旨星稠，繁文绮合"；到东晋则玄言诗特盛，直到殷仲文和谢混出来，才有所改变；到刘宋时期，则颜延之、谢灵运是文坛领袖。作者的另一看法是，声韵理论是此前所有作家都不懂的奥秘，这表现了他的自矜。

本文在艺术上的优势是：一、按照时代的先后论述上古文学的发展，由"生民"之初以至南朝的宋齐，各代的特色基本讲出来了。二、造了许多骈词俪语，如所谓"英辞润金石，高义薄云天"；所谓"方轨前秀，垂范后昆"；"前有浮声"，"后须切响"等，对仗十分工巧，也很好地表达了作者的观点。从这一点来说，它是一篇优秀的骈文。

恨赋

江　淹

题解

江淹（444—505），字文通，洛阳考城（今河南兰考县）人，历试南朝的宋、齐、梁三朝，官至金紫光禄大夫。少年时即以文章显名，晚年才思减退，时云"江郎才尽"。《恨赋》是南朝抒情小赋的代表作，写人生的各种遗憾，如天子晏驾、名将陷虏、美人远嫁、高人冤杀等。

原文

试望平原[1]，蔓草萦骨[2]，拱木敛魂[3]。人生到此，天道宁论[4]！于是仆本恨人[5]，心惊不已，直念古者，伏恨而死[6]。

至如秦帝按剑[7]，诸侯西驰，削平天下，同文共规[8]。华山为城，紫渊为池[9]。雄图既溢[10]，武力未毕。方架鼋鼍以为梁[11]，巡海右以送日[12]。一旦魂断[13]，宫车晚出[14]。

若乃赵王既虏[15],迁于房陵[16]。薄暮心动[17],昧旦神兴[18],别艳姬与美女,丧金舆及玉乘[19]。置酒欲饮,悲来填膺[20],千秋万岁[21],为怨难胜[22]。

至如李君降北[23],名辱身冤,拔剑击柱,吊影惭魂[24]。情往上郡[25],心留雁门[26]。裂帛系书[27],誓还汉恩[28]。朝露溘至[29],握手何言[30]。

若夫明妃去时[31],仰天太息。紫台稍远[32],关山无极[33]。摇风忽起[34],白日西匿。陇雁少飞[35],代云寡色[36]。望君王兮何期[37],终芜绝兮异域[38]。

至乃敬通见抵[39],罢归田里[40]。闭关却扫[41],塞门不仕[42]。左对孺人[43],右顾稚子[44]。脱略公卿[45],跌宕文史[46]。赍志没地[47],长怀无已。

及夫中散下狱[48],神气激扬[49]。浊醪夕引[50],素琴晨张[51]。秋日萧索[52],浮云无光。郁青霞之奇意[53],入修夜之不旸[54]。

或有孤臣危涕[55],孽子坠心[56]。迁客海上[57],流戍陇阴[58]。此人但闻悲风汩起[59],血下沾衿[60]。亦复含酸茹叹[61],销落湮沉[62]。

若乃骑叠迹[63],车屯轨[64];黄尘匝地[65],歌吹四起[66]。无不烟断火绝[67],闭骨泉里[68]。

已矣哉!春草暮兮秋风惊[69],秋风罢兮春草生。绮罗毕兮池馆尽[70],琴瑟灭兮丘陇平[71]。自古皆有死,莫不饮恨而吞声。

注释

[1]平原:平旷的原野。

[2]蔓(wàn)草:长了蔓的野草。　萦:缠绕。

[3]拱木:两手合包之树。　敛魂:聚集鬼魂。

[4]天道:自然规律。　宁论:怎能讲究,指无可奈何。

[5]仆本恨人:我本来是抱恨之人。

[6]伏恨:抱恨。

[7]秦帝:指秦始皇嬴政。　按剑:初用武力。

[8]同文共规:统一文字,统一车轨的宽度。

[9]紫渊:河名,在今山西离石市北。

[10]既溢:已经实现。

[11]架鼋鼍(yuántuó)以为梁:以水族动物为桥梁。鼋,癞头鼋,形状似龟。鼍,即鳄鱼,俗称猪婆龙;梁,桥。此处用周穆王典故。

[12]海右:大海西岸。　送日:观看落日。

[13]魂断:指死亡。

[14]宫车晚出:帝王逝世的委婉说法。宫车,帝王上朝所乘之车;晚出,出来得很晚了,则发生了不祥之事。也说宫车晏驾。

[15]赵王既虏:战国时的赵王已被秦国俘虏。

[16]迁于房陵:被流放到了房陵(今湖北房县)。

[17]薄暮:迫近天黑之时。　心动:内心不安。

[18]昧旦：天蒙蒙亮，拂晓。　神兴：指睡醒了。

[19]金舆、玉乘：装饰精美豪华的车辆。

[20]填膺：填胸。

[21]千秋万岁：指在位之年。

[22]为怨难胜：造成的怨恨难以忍受。

[23]李君降北：汉朝李陵投降了北方的匈奴。

[24]吊影：形影相吊，谓特别孤单。　惭魂：魂魄羞愧。

[25]上郡：秦汉时郡名，地在今陕西榆林一带。

[26]雁门：秦汉郡名，地在今山西右玉以南。

[27]裂帛系书：苏武被扣留在匈奴，从衣服上撕下一块绸子给汉朝写信，此系编造之事。

[28]还：报答。

[29]溘(kè)：很快。

[30]握手何言：拉着手，还能说什么。《汉书·苏武传》载，苏武归返汉朝前，李陵置酒与饮，与之握手告别。

[31]明妃：指王昭君。晋人为避司马昭之讳，改"昭君"为"明君"，后人又称"明妃"。

[32]紫台稍远：汉天子的宫廷渐渐远了。稍，渐渐。

[33]无极：没有边界。

[34]摇风：扶摇风，大旋风。语出《庄子·逍遥游》。

[35]陇雁：陇山一带的大雁。

[36]代云：代地的云彩。代，今河北蔚县一带。

[37]何期：多少日期。

[38]芜绝：草木枯死，喻明妃老死异域。

[39]敬通见抵：东汉冯衍遭受压制。敬通，冯衍的字；见，被，受。

[40]罢归：免官归家。罢，免官。

[41]闭关却扫：关上大门，不再扫径迎客，谓不与世人来往。

[42]仕：做官。

[43]孺人：夫人。

[44]稚子：幼儿。

[45]脱略：轻慢。

[46]跌宕(dàng)：随意。

[47]赍(jī)志：带着壮志。　没地：指谢世。

[48]中散：嵇康，曾任中散大夫，故称。

[49]激扬：激动慷慨。

[50]浊醪(láo)：浊酒，劣酒。　夕引：傍晚斟饮。

[51]素琴：不加装饰的琴。

[52]萧索：萧条，冷落。

[53]青霞奇意：青云大志。

[54]修夜：长夜。　旸(yáng)：明亮。

[55]孤臣：失宠无依之臣。　危涕：因危殆而落泪。涕，泪。

[56]孽子：失宠的庶子。　坠心：情绪消沉。

[57]迁客:贬谪迁徙之人。 海上:荒远之地,借苏武被匈奴徙北海牧羊之事指流徙的不毛之地。

[58]流戍:流放到边疆戍守之人。 陇阴:陇山北坡,今甘肃陕西一带地方。

[59]汩(gǔ)起:如泉水般突然冒出。

[60]血下沾衿:眼中流出血沾湿了衣衿。

[61]茹叹:饮恨吞声。

[62]销落湮沉:消散埋没,指死去。

[63]骑(jì):骑兵。 叠迹:马蹄的痕迹重叠。

[64]屯轨:车道特多。屯,聚集。

[65]匝地:绕地。

[66]歌吹:战斗的嘶喊与号角声。

[67]烟断火绝:烟雾消散,大火熄灭,喻人死亡。

[68]闭骨泉里:埋葬尸骨于黄泉地下。

[69]春草暮:春尽。 秋风惊:秋风惊起,谓秋天来到。

[70]池馆尽:水池与馆阁均已消亡。

[71]丘陇:指坟墓。

新评

本赋通过对人间各种憾恨的描写,表现了作者在充满战乱的南朝,作为下层知识分子,心中充满了忧伤悔恨的状况。它在艺术上的特色有二:一是发展了赋体文学的铺陈技艺,不是从空间方位上,而是从多个角度、多种情形铺写人间的种种遗憾。二是层次感特强,它写的怨恨,包括帝王辞世、良将被虏、使臣徙逐、美人远嫁、大臣罢归、志士被杀、迁客远戍、战士抛尸等,每一段写一事,最后进行归纳,层次特别清晰。

别 赋

江 淹

题解

江淹是南朝时著名的骈赋作家,所作除了《恨赋》之外,还有《别赋》等最为人所传诵,《别赋》描写人间的各种离别之情,表现分别的痛苦,抒发哀婉之情。

原文

黯然销魂者[1],唯别而已矣。况秦、吴兮绝国,复燕、宋兮千里[2]。或春苔始生,乍秋风兮暂起[3]。是以行子肠断,百感凄恻[4]。风萧萧而异响,云漫漫而奇色[5]。舟凝滞于水滨,车逶迟于山侧;櫂容与而讵前,马寒鸣而不息[6]。掩金觞而谁御,横玉柱而霑轼[7]。居人愁卧,怳若有亡[8]。日下壁而沉彩,月上轩而飞光[9]。见红兰之受露,望青楸之离霜[10]。巡层楹而空掩,抚锦幕而虚凉[11]。知离梦之踯躅,意别魂之飞扬[12]。

故别虽一绪，事乃万族[13]：

至若龙马银鞍，朱轩绣轴[14]。帐饮东都，送客金谷[15]。琴羽张兮箫鼓陈，燕、赵歌兮伤美人[16]。珠与玉兮艳暮秋，罗与绮兮娇上春[17]。惊驷马之仰秣，耸渊鱼之赤鳞[18]。造分手而衔涕，感寂寞而伤神[19]。

乃有剑客惭恩，少年报士[20]，韩国赵厕，吴宫燕市[21]，割慈忍爱，离邦去里。沥泣共诀，抆血相视[22]。驱征马而不顾[23]，见行尘之时起。方衔感于一剑，非买价于泉里[24]。金石震而色变，骨肉悲而心死[25]。

或乃边郡未和，负羽从军[26]，辽水无极，雁山参云[27]。闺中风暖，陌上草熏。日出天而耀景，露下地而腾文[28]。镜朱尘之照烂，袭青气之烟煴[29]。攀桃李兮不忍别，送爱子兮霑罗裙[30]。

至于一赴绝国，讵相见期[31]？视乔木兮故里，决北梁兮永辞[32]。左右兮魂动，亲宾兮泪滋。可班荆兮赠恨[33]，唯尊酒兮叙悲。值秋雁兮飞日，当白露兮下时。怨复怨兮远山曲，去复去兮长河湄[34]。

又若君居淄右，妾家河阳[35]。同琼珮之晨照，共金炉之夕香[36]。君结绶兮千里，惜瑶草之徒芳[37]。惭幽闺之琴瑟，晦高台之流黄[38]。春宫閟此青苔色，秋帐含兹明月光。夏簟清兮昼不暮，冬釭凝兮夜何长[39]。织锦曲兮泣已尽，回文诗兮影独伤[40]。

傥有华阴上士，服食还山[41]。术既妙而犹学，道已寂而未传。守丹灶而不顾，炼金鼎而方坚。驾鹤上汉，骖鸾腾天[42]；暂游万里，少别千年。惟世间兮重别，谢主人兮依然[43]。

下有芍药之诗，佳人之歌[44]，桑中卫女，上宫陈娥[45]。春草碧色，春水绿波，送君南浦[46]，伤如之何！至乃秋露如珠，秋月如珪；明月白露，光阴往来；与子之别，思心徘徊[47]。

是以别方不定，别理千名[48]。有别必怨，有怨必盈；使人意夺神骇，心折骨惊[49]。虽渊、云之墨妙，严、乐之笔精，金闺之诸彦，兰台之群英[50]，赋有凌云之称，辩有雕龙之声[51]，谁能摹暂离之状，写永诀之情者乎[52]！

注释

[1]黯然销魂：极度悲伤使人魂灵消散。

[2]秦、吴：春秋时西北与东南的两个大国。　绝国：绝远的国家。　燕、宋：春秋时北方和中原的两个国家，距离遥远。

[3]春苔：春天萌生的一种隐花植物。　暂起：突然刮起。以上两句写离别的季节。

[4]行子：旅人。　凄恻：悲凉。

[5]萧萧：风声。　漫漫：没有边际的样子。

[6]凝滞：停留。　逶迟：行进缓慢。　櫂：同“棹”，船桨。　容与：似进不进的状貌。　讵：岂。

[7]掩:覆,谓放下不用。 觞:大酒杯。 御:进也,指喝酒。 玉柱:弦乐器上安弦的短柱,代指弦乐器。轼:车前供人凭靠的横木,类似今日的"扶手"。

[8]怳(huǎng):失神的状态。 若有亡:如有所失。

[9]沉:隐没。 轩:槛板,代指阁楼。

[10]红兰、青楸:代指草木。 离:通"罹",受,遭。

[11]巡层楹:巡视房屋。楹,柱子。 锦幕:丝绸帷帐。

[12]踯躅(zhízhú):徘徊不进貌。 别魂:同"离梦",离别的魂魄。

[13]绪:端。 族:类别。

[14]龙马:高头大马。 朱轩:漆为红色的有帷幕的车。 绣轴:有彩饰的车子。

[15]东都:指洛阳。 金谷:指金谷园。西晋时石崇在洛阳所筑别馆,因在金谷涧中,故名。

[16]琴羽张:琴奏起羽声。 张:张开,弹奏。 燕、赵歌:燕地与赵地的美女唱起无限感伤的送别曲。

[17]艳暮秋:使暮秋娇艳。 娇上春:使美丽的春光更加娇美。

[18]惊驷马仰秣:拉车的马正在吃草,听到琴声后停下吃草注目倾听。语出《荀子.劝学》:"伯牙鼓瑟而六马仰秣。"

[19]造:到。 衔涕:含泪。

[20]惭恩:惭愧于接受他人的恩惠,希求报答。

[21]韩国:齐国的聂政为严仲子刺杀韩相侠累。 赵厕:豫让为刺杀赵襄子,化了妆入赵国涂厕。 吴宫:春秋时吴国勇士专诸为吴王阖闾刺杀王僚。 燕市:指荆轲到燕国后与友人行走燕国市面,旁若无人。后荆轲为太子丹入秦刺杀秦王,失败牺牲。

[22]沥泣共诀:流着眼泪告别。沥,滴落。 抆血:拭血。

[23]驱征马而不顾:谓打马快跑不回头看送别之人。荆轲入秦前,太子丹易水送别。荆慷慨必歌,"就车而去,终已不顾"。

[24]衔感:衔恩感遇。 泉里:指地下,谓非为买名而死。

[25]金石震:金钟石磬都鸣奏起来。秦舞阳与荆轲入刺秦王,至秦廷,金石齐鸣,舞阳色变,被秦逐出。骨肉悲而心死:指聂政之姊聂妾,她为了不埋没弟弟的功名,在聂政尸首旁哀哭而死。

[26]负羽:背着箭羽,指背着武器。

[27]辽水:指辽河,纵贯辽宁省流入渤海。 无极:无尽头。 雁山:雁门山,在今山西北部。 参云:直入云天。 辽水、雁山:代指边地。

[28]耀景:放出光辉。 腾文:指露珠在日光下腾起五色光彩。

[29]镜朱尘:照红尘。 照烂:光明灿烂。 袭青气之烟煴:笼罩在草木上的游气十分浓郁。袭,笼罩。

[30]爱子:指征夫。 霑罗裙:眼泪打湿了丝质的裙子。

[31]讵(jù):岂有。

[32]乔木:高树。 决:同诀,告别。 梁:桥。

[33]斑荆:铺上柴草。 赠恨:相互倾诉离情别意。

[34]湄:水岸。

[35]淄右:淄水西边,在今山东省。 河阳:黄河之北,今河南孟县一带。

[36]琼佩:玉制佩饰之物。二句谓往日生活在一起,晨起共同照镜修饰,晚上共焚香炉叙话。

[37]结绶:用绶带系佩印章,指仕宦。 瑶草徒芳:喻年华虚度。

[38]幽闺:深闺。 晦:暗淡。 流黄:黄色丝绢,指流黄所制帷帐。二句谓别后生活慵懒,琴瑟不弹,对之有愧,流黄弗拭,故色彩暗淡。

[39]闷(bì):闭门。 簟(diàn):竹席。 釭(gàng):灯。凝:指灯光凝聚、寂寞。

[40]织锦曲:回文诗:《晋书》载,窦滔之妻苏氏,善属文,滔在苻坚时被徙流沙,苏氏思之,织锦为回文旋图诗以赠,可上下宛转回环读之,谓之织锦曲,或曰回文诗。

[41]华阴:华山之阴(北坡)。 上士:道家高士。 服食:指服用仙茶或仙丹。

[42]驾鹤上汉:乘坐飞翔的黄鹤上达银河,谓成了仙人。 骖鸾:以鸾鸟驾车。

[43]依然:依恋不舍。

[44]芍药之诗:《诗经·郑风·溱洧》:"维士与女,伊其相谑,赠之以芍药。" 佳人之歌:指李延年所唱之歌,词曰:"北方有佳人,绝世而独立。一顾倾人城,再顾倾人国。岂不知倾城与倾国,佳人难再得。"

[45]桑中、上宫:均地名。《诗经·鄘风·桑中》曰:"期我乎桑中,要我乎上宫,送我乎淇之上矣!"桑中、上宫,指男女约会之地。 卫、陈:春秋国名,均在今河南省。 卫女、陈娥:指恋爱中的女主人公。

[46]南浦:水边。语出《楚辞·九歌·河伯》。

[47]珪(guī):圆形的玉。 徘徊:犹豫不决貌,形容心情不定。

[48]别方不定:离别的方面不同。 别理:离别的原因。

[49]心折骨惊:本是心惊骨折,为了强化离别的痛苦,故意使文字错排,以形容忧苦难耐。

[50]渊、云:西汉辞赋家王褒(字子渊)与扬雄(字子云)。 严、乐:西汉武帝时的辞赋家严安、徐乐。 金闺之诸彦:西汉时居住在金马门的诸多杰出才子。 兰台:汉代收藏图籍的宫观。东汉时班固、傅毅都作过兰台令史。

[51]凌云:形容文章意境高妙。司马相如尝作《大人赋》,汉武帝读后,"飘飘然有凌云之气"。 雕龙:形容口辩高超。战国时邹奭口若悬河,人称"雕龙奭"。

[52]暂离:短期离别。 永诀:永远告别,谓死别。

新评

本赋通过描写人间的各种离别,抒写了作者与爱妻与次子死别时的哀伤,曲折地宣泄了他怀念妻孥的感情。赋文的艺术特色是:一、形象地表现了人间各种离别的痛苦,如豪贵之子的衔涕伤情,侠客之别的慷慨激昂,远戍之人的抛家别子,异国分离的魂系乡里,夫妻之别的柔情缠绵,求仙之别的寂寞依恋,恋人之别的悱恻徘徊等。二、语言优美,言韵铿锵,如同一曲悠扬的抒情乐章。如曰:"春宫闷此青苔色,秋帐含兹明月光。夏簟清兮昼不暮,冬釭凝兮夜何长!"又如:"春草碧色,春水绿波,送君南浦,伤如之何!"等等皆是。

北山移文

孔稚珪

题解

孔稚珪(447—501),一作孔珪,字德璋,南朝宋、齐诗人,会稽山阴(今浙江绍兴市)人。宋时任安成王车骑法曹行参军,转尚书殿中郎。入齐,曾任御史中丞、南郡太守等职。嗜酒善饮,不乐世事。其文工丽诙谐。

北山即今南京北的紫金山,又称钟山。"移"是一种文体,类似于古时的"檄",是宣告某人罪行使人周知的一种文章。本文假托钟山山灵受了假隐士周颙的欺骗，气愤不过，固而驰告于山庭，不许他再回山中。虽曾有孔氏系“游戏笔墨”的说法，但我们不妨将文中的人物形象当作“身在山中，心存巍阙”者看待，这样，文章就有了一定的批判意义。

【原文】

钟山之英[1]，草堂之灵[2]，驰烟驿路[3]，勒移山庭[4]。夫以耿介拔俗之标[5]，萧洒出尘之想，度白雪以方洁[6]，干青云而直上[7]，吾方知之矣。若其亭亭物表，皎皎霞外[8]，芥千金而不眄[9]，屣万乘其如脱[10]，闻凤吹于洛浦[11]，值薪歌于延濑[12]，固亦有焉。岂期终始参差，苍黄翻覆[13]，泪翟子之悲[14]，恸朱公之哭[15]，乍回迹以心染[16]，或先贞而后黩[17]，何其谬哉！呜呼！尚生不存[18]，仲氏既往[19]，山阿寂寥，千载谁赏！

世有周子[20]，隽俗之士[21]，既文既博，亦玄亦史。然而学遁东鲁[22]，习隐南郭[23]，偶吹草堂[24]，滥巾北岳[25]，诱我松桂，欺我云壑。虽假容于江皋[26]，乃缨情于好爵[27]。其始至也，将欲排巢父，拉许由[28]，傲百氏，蔑王候，风情张日[29]，霜气横秋[30]。或叹幽人长往[31]，或怨王孙不游[32]。谈空空于释部[33]，核玄玄于道流[34]。务光何足比[35]，涓子不能俦[36]。

及其鸣驺入谷[37]，鹤书赴陇[38]，形驰魄散，志变神动，尔乃眉轩席次[39]，袂耸筵上[40]。焚芰制而裂荷衣[41]，抗尘容而走俗状[42]。风云悽其带愤，石泉咽而下怆[43]。望林峦而有失，顾草木而如丧。

至其纽金章，绾墨绶[44]，跨属城之雄[45]，冠百里之首。张英风于海甸[46]，驰妙誉于浙右[47]。道帙长殡[48]，法筵久埋[49]。敲朴喧嚣犯其虑[50]，牒诉倥偬装其怀[51]。琴歌既断，酒赋无续。常绸缪于结课[52]，每纷纶于折狱[53]。笼张赵于往图[54]，架卓鲁于前箓[55]。希踪三辅豪[56]，驰声九州牧。

使我高霞孤映，明月独举[57]，青松落阴，白云谁侣？涧石摧绝无与归，石迳荒凉徒延伫[58]。至于还飙入幕[59]，写雾出楹[60]，蕙帐空兮夜鹄怨[61]，山人去兮晓猿惊。昔闻投簪逸海岸[62]，今见解兰缚尘缨[63]。于是南岳献嘲，北垄腾笑，列壑争讥，攒峰竦诮[64]。慨游子之我欺，悲无人以赴吊。故其林惭无尽，涧愧不歇，秋桂遗风，春萝罢月，骋西山之逸议，驰东皋之素谒[65]。

今又促装下邑[66]，浪栧上京[67]，虽情投于魏阙[68]，或假步于山扃[69]。岂可使芳杜厚颜，薜荔无耻，碧岭再辱，丹岩重。尘游躅于蕙路[70]，污渌池以洗耳[71]。宜扃岫幌[72]，掩云关，敛轻雾，藏鸣湍。截来辕于谷口，杜妄辔于郊端[73]。于是丛条瞋胆[74]，叠颖怒魄[75]，或飞柯以折轮[76]，乍低枝而扫迹[77]。请回俗士驾，为君谢逋客[78]。

注释

[1]钟山:即紫金山。　英:与下句之“灵”一样,统指钟山的山神,实是拟人化的写法。

[2]草堂:隐士的庭堂。

[3]驰烟驿路:像云烟似的奔走在官道上。

[4]勒移山庭:将移文刻在山间崖石之上,实是宣告假隐士周颙的罪行。勒,刻。

[5]耿介拔俗之标:正直而超出流俗的仪表气度。耿介,正直;标,风度,格调。

[6]度白雪以方洁:考量雪之白,要与它比比清洁。度(duó),考量;方,比也。

[7]干青云而直上:追求隐居而达到很高的境界。干,进入,触犯;青云,指隐居的境界 。如《南史》之“形入紫因,而意在青云”。

[8]亭亭物表:高高耸立在万物之外。亭,耸立貌;表,外。　皎皎霞外:十分皎洁,似在云霞之上。

[9]芥千金而不眄:把千金看得如同芥粒一般根本不动心。芥,喻其小,用为动词;眄(miǎn),看。

[10]屣万乘其如脱:把丢弃天子之位看得如同脱掉一双破烂的草鞋。屣(xǐ),草鞋,此处用为动词;万乘,拥有一万辆兵车,这本是天子的尊荣,此代天子之位。

[11]闻凤吹于洛浦:听到太子晋在洛水之滨吹出了凤鸣之曲。《列仙传》载,周宣王太子晋好吹笙作凤鸣,常游于伊、洛之间,后化仙而去。浦(pǔ),水边。

[12]值薪歌于延濑:正好在延水边遇上了唱着采薪之歌的苏门先生。薪歌,砍柴时唱的歌;濑,水流沙上为濑。《文选》李善注:苏门先生游于延濑,见一人采薪,问他是否终于此业?对曰:“圣人无怀,以道德为心,何怪乎而哀也!”遂为歌二章而去。

[13]苍黄翻覆:忽而这样,忽而那样。变化不安。苍黄,青色与黄色。

[14]泪翟子:墨翟流下眼泪。《淮南子·说林训》载,墨子(墨翟)见练丝而哭笑,为其可以黑,可以黄。

[15]恸朱公:使杨朱哀恸。《淮南子·说林训》载,杨朱见歧路而哭,为其可以南,可以北。

[16]乍回迹以心染:暂时回到山中,但心犹染于世俗。乍,暂;以,而。

[17]先贞后黩:先表现得贞洁,后又有污浊之行。贞,正;黩,垢,污。

[18]尚生:东汉隐士尚子平。《后汉书·逸民传》:“尚子平隐居不仕,性尚中和,好通老、易。”

[19]仲氏:东汉仲长统。他性情耿直,不矜小节,时人或谓为“狂生”。官府召聘,往往称病不至。

[20]周子:指假隐士周颙。

[21]隽俗之士:流俗中卓异不凡的士子。

[22]学遁东鲁:向鲁国的颜阖学习,为拒绝鲁君的钱财,设计逃跑。《庄子·让王》:“鲁君闻颜阖得道之人,使人以币先焉。”使者致币,颜令其反审之,因而逃脱。

[23]习隐南郭:像南郭子綦那样仰天隐几,似丧其耦。《庄子·齐物论》:“南郭子綦隐几而坐,仰天嗒然,似丧其耦。”

[24]偶吹草堂:像杂在众多吹竽者中蒙混的人,到隐居的殿堂上冒充隐者。《韩非子·内储说》:“齐宣王使人吹竽必三百人,南郭处士请为吹竽,宣王说之……宣王死,湣王立,好一一听之,处士逃。”

[25]滥巾北岳:胡乱戴了顶隐士的头巾,到北山(钟山)来厮混。

[26]假容于江皋:到长江岸边的钟山装模作样。假容,假装的容貌;江皋,江岸,指长江边的钟山。

[27]缨情于好爵:系情于很高的爵禄。

[28]排巢父,拉许由:排斥尧时隐士巢父,折辱隐者许由。《高士传》曰:“尧让天下于许由,不受而逃,又召为九州长,不愿闻之,洗耳于颍川,巢父问明缘由。牵犊饮于上流,害怕污犊之口。”

[29]风情张日:风度情调之高大遮天蔽日。

[30]霜气横秋：严冷之气可覆盖秋霜。横，盖。

[31]幽人长往：隐逸之人永不见面了。

[32]怨王孙不游：埋怨隐居山中的人不与之交接。王孙，贵族子弟；游，交游，交接。《楚辞·招隐士》："王孙游兮不归，春草生兮萋萋。"

[33]谈空空于释部：谈讲空无理论比佛经还要空。空，佛家言讲的境界；释部，指佛经，以释迦牟尼代佛家。

[34]核玄玄于道流：研核道家的玄理比道士还要玄虚。《老子》："玄之又玄，众妙之门。"道流，道家之流。

[35]务光：夏商之际的隐士，商汤伐桀，克之，以天下让光，光"遂负石沉于蓼水，已而自匿"。

[36]涓子：春秋时齐国的隐士。 俦：同列。

[37]鸣驺(zōu)：鸣叫的马，此指皇家征召之车。

[38]鹤书：即鹤头书，诏书。

[39]眉轩席次：在筵席上眉毛高耸，形容得意之态。

[40]袂耸筵上：在酒宴上衣袖高举。亦写其自得之貌。

[41]芰(jì)制、荷衣：菱叶与荷花所制的衣裳，为隐士所服。

[42]抗尘容而走俗状：张扬地显现出尘俗的状态。抗，高举，张扬；走，蹈入，驰骋。

[43]怆(chuàng)：怨怒貌。

[44]纽金章，绾墨绶：系铜印，贯黑色绶带。是县令的章饰。

[45]跨属城之雄：超越郡下所属各县，为其中最特异者。跨，超越；属城，郡下所属各县；雄，最优秀的。

[46]张英风于海甸：在海畔表现出特异的风范。

[47]浙右：浙江之右。

[48]道帙：道家的典籍。

[49]法筵：佛家的讲席。

[50]敲朴喧嚣：鞭打犯人时的喧闹之声。

[51]牒诉倥偬：文书诉讼等事务迫切的样子。

[52]绸缪：牵缠。 结课：指综核赋税。

[53]纷纶：被众多事务缠绕。 折狱：判结案件。

[54]笼张赵：覆盖了西汉循吏张敞与赵广汉的政绩。 图：图籍。

[55]架卓鲁：超越了东汉循吏卓茂和鲁恭。 箓：簿籍。

[56]三辅豪：京兆尹、左冯翊、右扶风的能吏。

[57]举：升起。

[58]延伫：久立等候。

[59]还(xuán)飙：旋风。还，通"旋"。

[60]写雾出楹：流泄的雾气溢出屋柱。写，同"泄"；楹，柱。

[61]蕙帐：以兰蕙装饰的帐幔，隐士所居者。

[62]投簪：扔掉发簪，表示不再梳洗，是弃官归隐的表现。

[63]解兰：解去兰做的佩饰，指放弃隐居生活。

[64]攒峰竦诮：密聚一起的诸多山峰扬起讥嘲的笑声。

[65]骋：与下句之"驰"均为传播义。 西山逸议：伯夷、叔齐等隐逸之人的议论。伯夷、叔齐曾隐居首阳山，首阳山即西山。 东皋：与上句之"西山"对举。谓东边水泽之地。陶渊明《归去来兮辞》有"登东皋以舒啸"句。素谒：寒素之人谒见长官时的言辞。

[66]促装：束装，整治行装。　下邑：卑下的城邑，指周颙原作官时的山阴县。

[67]浪栧：鼓棹，划船。　上京：与上句之“下邑”相对，指建业城。

[68]魏阙：高大的宫阙。魏，同“巍”。

[69]假步：借道。　山扃(jiōng)：山门，指钟山，即北山。

[70]尘游躅：被游走的足迹污染。尘，蒙尘；躅(zhú)，足迹。

[71]污渌池：清水池塘被玷污。　以洗耳：谓周颙之事被人传说，高雅的闻者均会洗 耳。以，因也。

[72]扃岫幌：关闭(钟山的)窗户，拉上窗帘。

[73]杜妄辔：杜绝狂妄之人的车驾。

[74]瞋胆：胆魄瞋怒。

[75]叠颖：一个个的谷穗。

[76]飞柯：扬起树枝。

[77]乍：突然。

[78]逋(bū)客：逃客，谓周颙是从北山逃走的假隐士。

新评

本文运用拟人化的手法，假托钟山（北山）神灵蒙耻、雪耻、勒移于山庭的方式，将全文连贯起来，因之，它始终是以钟山神灵自述的口吻讲说周颙为何假充隐士，为何沽名钓誉，接受了朝廷征聘，如何“牒诉倥偬”、忙于俗务，又如何回朝考绩、假步山扃等情节，使山神不得不“截来辕”、“杜妄辔”，谢绝他的拜访。在讲说时，又使用了铺陈、夸张等修辞手段，如第一段讲说各种各样的隐士就是铺陈，而叙写钟山蒙受的耻辱、志欲雪耻等内容，就运用了夸张手法等。

答谢中书书

陶弘景

题解

陶弘景(456—536)，丹阳秣陵(今南京市)人，自幼读书，弱冠为刘宋诸王的侍读，到了齐朝，又辞禄隐居于茅山。梁朝时，累次征召，不肯出仕，朝有大事辄遣人谘询，时号“山中宰相”。这一篇是他写给梁武帝(萧衍)重臣中书鸿胪谢微的回信，谈了江南的山水之美，表述了“矫贪厉竞”之意，表现了作者所以乐栖山中的奥妙情怀。

【原文】

山川之美，古来共谈。高峰入云，清流见底。两岸石壁，五色交辉。青林翠竹，四时俱备。晓雾将歇，猿鸟乱鸣；夕日欲颓[1]，沈鳞竞跃[2]。实是欲界之仙都[3]。自康乐以来[4]，未复有能与其奇者[5]。

注释

[1]夕日欲颓：夕阳就要落山。

[2]沈鳞：沉潜于水中的鱼。　竞跃：争先跃出。

[3]欲界：佛教认为，人间属于欲界，众生耽于食、色、眠诸欲。　仙都：仙人居住的地方，欲界之仙都，犹今言“人间天堂”。

[4]康乐：指谢灵运。他在东晋时封康乐公，一生喜欢游山玩水。

[5]与（yù）：参与，投身其中。　奇：奇妙的山水风光。

新评

这段关于山水风光的描摹文字最大的特色是把对山川之美的展示与作者对世俗厌弃情感的抒发结合在一起。表面上是描写刻画山水风物，实际上是抒写作者的人生态度。他追求的是“欲界之仙都”，他膜拜的人物是游山玩水的谢灵运，因而希望人间再出一位康乐公。

与陈伯之书

丘　迟

题解

丘迟（464—508），字希范，南朝梁吴兴乌程（今浙江吴兴县）人。他任南朝梁临川王萧宏的谘议参军兼记室。萧宏受命北伐元魏，前来抵抗的正好是归梁后又投靠了北魏、被封为平南将军、都督淮南诸军事的陈伯之，萧宏命丘迟以信招降。伯之得信后，果然率八千人来归。

原文

迟顿首陈将军足下[1]：无恙[2]，幸甚幸甚！将军勇冠三军，才为世出[3]，弃燕雀之小志，慕鸿鹄以高翔[4]。昔因机变化，遭遇明主[5]，立功立事，开国称孤[6]，朱轮华毂[7]，拥旄万里[8]，何其壮也！如何一旦为奔亡之虏[9]，闻鸣镝而股战[10]，对穹庐以屈膝[11]，又何劣邪！寻君去就之际[12]，非有他故，直以不能内审诸己[13]，外受流言，沈迷猖獗[14]，以至于此。

圣朝赦罪责功，弃瑕录用[15]，推赤心于天下[16]，安反侧于万物[17]，将军之所知，不假仆一二谈也[18]。朱鲔涉血于友于[19]，张绣剚刃于爱子[20]，汉主不以为疑，魏君待之若旧[21]。况将军无昔人之罪，而勋重于当世！夫迷涂知返，往哲是与[22]；不远而复，先典攸高[23]。主上屈法申恩，吞舟是漏[24]；将军松柏不翦[25]，亲戚安居，高台未倾，爱妾尚在，悠悠尔心[26]，亦何可言！今功臣名将，雁行有序[27]，佩紫怀黄[28]，赞帷幄之谋[29]，乘轺建节[30]，奉疆埸之任[31]。并刑马作誓[32]，传之子孙。将军独靦颜借命[33]，驱驰毡裘之长[34]，宁不哀哉！

夫以慕容超之强[35]，身送东市[36]；姚泓之盛[37]，面缚西都[38]。故知霜露所均[39]，不育异类；姬汉旧邦[40]，无取杂种。北虏僭盗中原[41]，多历年所，恶积祸盈，理至燋烂[42]。况伪孽昏狡[43]，自相夷戮[44]，部落携离[45]，酋豪猜贰。方当系颈蛮邸，悬首藁街[46]，而将军鱼游于沸鼎之中[47]，燕巢于飞幕之上[48]，不亦惑乎！

暮春三月，江南草长，杂花生树，群鸟乱飞。见故国之旗鼓，感平生于畴日[49]，抚弦登陴[50]，岂不怆悢[51]！所以廉公之思赵将[52]，吴子之泣西河[53]，人之情也，将军独无情哉！想早励良规[54]，自求多福。

当今皇帝盛明，天下安乐。白环西献[55]，楛矢东来[56]；夜郎滇池，解辫请职；朝鲜昌海，蹶角受化[57]。唯北狄野心，掘强沙塞之间[58]，欲延岁月之命耳。中军临川殿下[59]，明德茂亲[60]，总兹戎重[61]，吊民洛汭[62]，伐罪秦中。若遂不改[63]，方思仆言[64]。聊布往怀，君其详之。丘迟顿首。

注释

[1]顿首：磕头。

[2]恙：病。

[3]世出：超出当世。

[4]燕雀：喻志向渺小。　鸿鹄：天鹅，喻胸怀远大。

[5]因机：顺应时机。　明主：指梁武帝萧衍。

[6]称孤：即称孤道寡。陈伯之在梁初仍为江州刺史，进号征虏将军，又封丰城县公，故云。

[7]朱轮华毂：乘坐华美的车子，尽享官员的尊荣。

[8]拥旄：持旄节统制一方。

[9]奔亡之虏：指陈投降北魏。

[10]鸣镝：响箭，此指战事。

[11]穹庐：毡帐，即今所谓"蒙古包"。屈膝：下跪。

[12]去就之际：离梁投魏之时。

[13]内审诸己：内指内心；审诸己，反复考量自己。

[14]沈迷：迷惑。　猖獗：狂妄。

[15]圣朝：指梁朝。　责：求。　弃瑕：不追究过失。

[16]赤心：诚心。

[17]安反侧：使动摇不定者安定。

[18]不假仆：不需我。假，借助。

[19]朱鲔（wěi）：王莽时，农民义军绿林军的将领。　涉血：杀人流血。　友于：指兄弟。朱鲔尝参与杀害刘秀兄长刘縯，惧怕刘秀报复，不敢投降，刘秀答应不予追究，朱才降刘。

[20]张绣：东汉末年的军阀。　剚（zì）刃：插刀。此谓杀害。张绣先降曹操，既而复反。曹操与之交战失败，长子昂与弟子安民遇害。后张绣降曹，封为列侯。

[21]汉主、魏君：分指刘秀与曹操。

[22]往哲是与(yù):昔日聪明的人加以称赞。 与:称赞,赞扬。

[23]先典攸高:是从前的典籍(指《易经》)所推崇的。

[24]吞舟:大鱼,喻指犯有大罪之人。

[25]松柏不翦:谓祖坟没有毁坏。

[26]悠悠:深思貌。

[27]雁行(háng)有序:像大雁的行列,有一定次序。

[28]佩紫怀黄:谓担任要职。佩紫,佩带紫色印绶;怀黄,怀揣黄金大印。

[29]赞帷幄:佐助军帐中。

[30]乘轺(yāo)建节:坐着轻车,树立旄节,谓担负戍边重任。轺,两匹马驾的轻车。

[31]疆埸(yì)之任:指守卫边界的重任。埸,边疆。

[32]刑马作誓:杀白马,饮血酒,立誓言。

[33]靦(tiǎn)颜借命:厚着脸皮,苟且偷生。

[34]驱驰毡裘之长(zhǎng):为游牧民族(指鲜卑)的头领效劳。

[35]慕容超:南燕君主,鲜卑人。

[36]东市:西汉国都长安处决罪犯之地,借指刑场。晋安帝义熙五年(409),慕容超大掠淮北,刘裕率军北伐,在慕老巢广固将其生擒,押回建康斩首。

[37]姚泓:后秦君主,羌族人。

[38]面缚:面向前,两手反缚在背上。 西都:指西汉国都长安。晋安帝义熙十三年(417),刘裕北伐,攻破长安,生俘姚泓,押归建康杀死。

[39]霜露所均:下霜落雪之地。均,分布。

[40]异类:指少数民族。姬汉旧邦:指中原汉人政权。姬,周天子姓氏;汉,刘邦所建的汉朝。

[41]北虏:指北魏统治民族鲜卑。 僭盗:窃据。 中原:指黄河中下游地区。

[42]理至燋烂:按照规律,应该崩溃灭亡了。

[43]伪孽(niè):伪政权的罪犯,指北魏宣武帝。

[44]夷戮:屠杀。指北魏宣武帝叔父元禧谋反被杀及元祥谋反被囚死事。

[45]携离:三心二意,携贰分离。

[46]酋豪:大头目。 猜贰:互相猜疑,各怀二心。悬首藁街:被杀在汉人的都城。藁街,西汉国都长安的街名,多有蛮邸。

[47]沸鼎:沸腾的鼎锅。

[48]飞幕:飞动的帐幕。比喻伯之处境危殆。

[49]畴日:昔日。

[50]抚弦登陴(pí):拿着弓登上城墙。陴,城上女墙。

[51]怆悢:悲伤。

[52]廉公:廉颇,战国时赵之大将。 思赵将:廉颇不为赵悼襄王信任,先跑到魏国,后又到了楚国,用兵无功,曾说:"我思用赵人"。

[53]吴子:指战国时军事家吴起。 泣西河:西河,今陕西黄河西岸郃阳一带地方。吴起被魏武侯召唤,至西河一带时,武侯听信了谗言,怀疑吴起的忠直。吴于是望西河而流泪,谓西河将不保了。

[54]励良规:勉力从事于良好的规划。

[55]白环西献:谓西方的属国献上了白玉之环。《世本》曰:"舜时,西王母献白环及佩。"

[56]楛(hù)矢东来:谓东方的属国进贡了楛木做的箭。《孔子家语》:"周武王克商,肃慎氏贡楛矢石砮。"

肃慎氏在今东北吉林境内,故曰"东来"。

[57]蹶角受化:叩头而接受教化。角,额角。

[58]北狄(dí):指北魏。古代称北方的少数民族曰"狄"。 掘强:同"倔强",不屈服。 沙塞:沙漠边塞。

[59]中军临川殿下:指萧宏,时封临川王,故称。

[60]茂亲:至亲。萧宏系南梁武帝萧衍之弟。

[61]总戎重:总揽军事重任。

[62]洛汭(ruì):洛水流入黄河之处。汭,河流汇合之处。

[63]若遂:假如因循不改。

[64]仆言:我的话。仆,古人关于"我"的谦称。

新评

《与陈伯之书》确实收到了效用,但如果当时的军事形势不利于南梁,亦或陈伯之本人无意南归,单靠一封招降之信,恐难奏效。因之,评价作品,不能只看它的传诵程度,更不能离开具体的环境,不然就会犯钱钟书所说的"尽信书真不如无书"的错误。

但本文在写作上确有其优点,那就是喻以形势,晓以利害,明以至理,动以感情。该信一开始就给对方分析了去就之理,用所谓"夷夏大防"说明陈将军的错误。接着为之分析形势,说明跟着胡人没有好的下场。然后用故国之情打动对方,叫他早作打算。最后交待朝廷的政策,为对方消除了顾虑,因而达到了招降的目的。

当然,用现代观点看,文章的弊病就是对少数民族的鄙视。这是大汉族主义对古人的戕害。

与朱元思书

吴 均

题解

题目或作《与宋元思书》,盖"宋"之与"朱",形近易讹故尔。该人历史资料未见,出处不详。吴均是南梁天监初年吴兴郡的主簿,经常赋诗,号为"吴均体",有《后汉书注》等多部著作。在此信中,他描写了从富阳到桐庐一百多里水道上的优美景色,写景如画,文字清丽。

原文

风烟俱净,天山共色,从流飘荡,任意东西。自富阳至桐庐[1],一百许里[2],奇山异水,天下独绝。水皆缥碧[3],千丈见底;游鱼细石,直视无碍。急湍甚箭[4],猛浪若奔[5]。夹嶂高山,皆生寒树,负势竞上[6],互相轩邈[7],争高直指,千百成峰。

泉水激石，泠泠作响[8]；好鸟相鸣，嘤嘤成韵[9]。蝉则千转不穷[10]，猿则百叫无绝。鸢飞唳天者望峰息心[11]，经纶世务者窥谷忘反[12]。横柯上蔽[13]，在昼犹昏；疏條交映，有时见日。

注释

[1]富阳、桐庐：皆地名，在今浙江省。

[2]许：表约数的词。

[3]缥(piāo)：苍青色。

[4]急湍：流得很急的水。 甚箭：比箭还要飞得快。

[5]若奔：好像奔马一般。

[6]负势竞上：凭借山势争先恐后地指向高空。

[7]轩邈：高远。此句谓山上的树像是比赛谁更高更远。

[8]泠泠：象声词，形容溪水的响声。

[9]嘤嘤：象声词，形容鸟鸣声。

[10]转：同"啭"，鸣叫。

[11]鸢(yuān)：鹰类猛禽。 唳：通"戾"，上达。"鸢飞戾天者"比喻在政治上谋求高位的人。

[12]经纶：经营。

[13]柯：树枝。 上蔽：遮蔽了其上的天空。

新评

本文虽为书信，但主要内容是写从富阳到桐庐的山水秀色及这些景致给予人的启示。写景的文字有两大特色：一是写景特有层次感。它先写水的清、水的急，再写溪水两岸的"寒树"以及它们的声响。最后才写这些景致给予人的启示(最后四句表面上写枝叶，实际上也形象地抒写了人生的感慨)。二是把写景与表现世态人情很好地联系起来，表现了"隐者"的人生观点。

雕虫论并序

裴子野

题解

裴子野(467—528)，字几原，河东闻喜(今山西闻喜县)人。他生活在讲求雕章绘句的齐梁时代，文人学士竞相藻饰，甚至为了应诏而请托他人代笔。裴子野觉得此种现象有悖作文正旨，因著《雕虫论》予以批判。雕者，刻也；虫者，虫书也，是古代的一种书体。"雕虫"谓雕刻虫书，用以比喻雕章绘句的为文风气，而此风气正是裴子野坚决反对的。

原文

宋明帝博好文章(《通典》作"史")[1],才思敏捷,常读书奏,号称七行俱下。每(《通典》此下有国字)有祯祥,及(《通典》此下有行字)幸讌集[2],辄陈诗展义[3],且以命朝臣。其戎士武夫[4],则托请不暇,困于课限[5],或买以应诏焉[6]。于是天下向风,人自藻饰,雕虫之艺[7],盛于时矣。梁鸿胪卿裴子野论曰:

古者四始六艺[8],总而为诗,既形四方之风(原作气,据《文苑英华》改),且彰君子之志[9],劝美惩恶,王化本焉。后之作者,思存枝叶,繁华蕴藻[10],用以自通。若悱恻芳芬[11],楚骚为之祖[12],靡漫容与[13],相如扣(原作和,据《文苑英华》改)其音[14]。由是随声逐影之俦[15],弃指规而无执[16]。赋诗歌颂,百帙五车,蔡邕(原作蔡应,据《通典》校改)等之俳优[17],扬雄悔为童子[18]。圣人不作[19],雅郑谁分[20]。其五言为(《通典》此下有诗字)家,则苏、李自出[21],曹、刘伟其风力[22],潘、陆固其枝叶(《通典》作柯)[23]。爰及江左[24],称彼颜、谢,箴绣鞶帨[25],无取庙堂。宋初迄于元嘉[26],多为经史,大明之代[27],实好斯文。高才逸韵,颇谢前哲[28],波流相尚,滋有笃焉[29]。

自是闾阎年少[30],贵游总角[31],罔不摈落六艺[32],吟咏情性。学者以博依为急务,谓章句为专鲁[33]。淫文破典[34],斐尔为功(《通典》作曹)[35],无被于管弦[36],非止乎礼义。深心主卉木[37],远致极风云[38],其兴浮[39],其志弱。巧而不要,隐而不深[40],讨其宗途,亦有宋之(《通典》此下有遗字)风也[41]。若季子聆(《通典》作于)音[42],则非兴国,鲤也趋庭[43],必有不敢(《通典》作敦)。荀卿有言[44],"乱代之征[45],文章匿而采[46]"。斯岂近之乎[47]?

注释

[1]宋明帝:即刘彧,字休炳,他是刘宋文帝的第十一个儿子,在位八年。

[2]讌集:聚集大臣开宴会。

[3]陈诗展义:写诗歌表述自己的思想。

[4]戎士武夫:身着戎装的武士。

[5]课限:诏命作诗的时限。

[6]买以应诏:买别人的作品拿来敷衍皇帝的命令。

[7]雕虫之艺:雕章琢句的艺术。

[8]四始:《关雎》为风之始,《鹿鸣》为小雅之始,《文王》为大雅之始,《清庙》为颂诗之始。　六艺:风、赋、比、兴、雅、颂。

[9]彰:显示。

[10]繁华蕴藻:繁密的花朵蕴藏在优美的词藻之中,谓思想意义并不显豁。

[11]悱恻:缠绵的感情。　芳芬:指楚辞中多用的兰蕙等芳草。

[12]楚骚:指楚辞,以其代表作为《离骚》,故称。

[13]靡漫:美丽。　容与:徘徊。

[14]相如:谓汉代的司马相如。　扣其音:谓追随。

[15]俦:同类之人。

[16]弃指归而无执:离开正确的道路,陷入无所依据的状态。

[17]蔡邕等之俳优:东汉蔡邕把灵帝时鸿都门学子所作辞赋比作俳优。《后汉书·蔡邕列传》:"连偶俗语,有类俳优。"

[18]扬雄悔为童子:西汉末扬雄作赋欲以讽谏,但效果并不好,于是他悔恨地说,辞赋创作是"童子雕虫篆刻,壮夫不为"的事。

[19]作:起来,此处是"出现"之意。

[20]雅郑:典雅与淫靡。

[21]苏李:指苏武与李陵,旧传以为他们是五言诗最早的作家,实际上是错误的。

[22]曹、刘:曹植与刘桢。　风力:犹言"风骨"。

[23]潘、陆:指潘岳和陆机,均西晋太康诗人。

[24]爰及江左:到了南朝。

[25]颜、谢:指颜延之和谢灵运。　箴绣鞶帨:在大带和佩巾上刺绣优美的花纹。箴,即今"针"字;鞶(pán),大带;帨,佩巾。

[26]元嘉:宋文帝刘义隆的年号(424—453),共30年。

[27]大明:宋孝武帝刘骏的第二个年号(457—464),共8年。

[28]谢前哲:不及前代哲人。

[29]笃(dǔ):更加严重。

[30]闾阎年少:民间的年轻人。

[31]贵游总角:指显赫的世家子弟。"总角",是把头发收拢起来扎成小辫,指少年儿童。

[32]摈落:摈弃。

[33]博依:多方用典。　章句:解释经书的章句之学。指儒学内容。　专鲁:愚鲁。

[34]淫文破典:淫靡文辞,破坏典故。

[35]斐尔为功:以辞采优美为能事。

[36]无被于管弦:不能配乐歌唱。

[37]主卉木:以花卉树木为主要内容。

[38]极风云:极写风烟云雨。

[39]兴浮:比兴并不深刻。

[40]隐而不深:隐晦而没有深义。

[41]有宋之风:宋代的创作风气。"有"为助词,无义。

[42]季子聆音:吴公子季札在鲁国听诗乐。

[43]鲤也趋庭:孔子之子孔鲤急走于庭院之中。《论语》述及其事,谓孔子早起,立于庭中,其子趋庭而过,孔子问他是否学诗学礼,孔鲤回答未学,孔子于是告知其学诗学礼的重要。

[44]荀卿:即战国时赵国的荀况,其人字卿。

[45]征:征象,征兆。

[46]匿而采:内容邪僻而辞采优美。匿,同"慝"(tè),邪僻。

[47]斯:此。

新评

上古文论对于文学社会作用的论述，一般有政教功用说、言志抒情说和骋辞崇丽说三种。到了南朝的时候，一般地说，都主张最后一项，如萧统的《文选序》就主张“踵事增华”、“变本加厉”，裴子野却与之相反，他是主张“劝美惩恶”的，认为“深心主卉木，远致极风云”的现象违背了“王化”的根本，属于“乱代之征”，应该坚决抛弃。因而有了该篇作品。

本篇的写作特色，首先是运用了对比手法，将上古的文学与后代的文学现象做了对比，然后进行批判。其次是使用了“摆事实，讲道理”的论述方法，在批评不良现象之前，先将这种现象充分地揭示出来，把“箴绣鞶帨”、“淫文破典”的劣迹进行了充分展示，使批判落到了实处，因而做到了言之有据。这也是本文的一大优点。

文心雕龙·丽辞

刘　勰

题解

刘勰(约465—约532)，字彦和，大约生在宋明帝泰始三年(467)左右，卒于梁普通二年(520)左右。《文心雕龙》写于齐东昏侯永元初，至齐和帝中兴初成书，前后共用了三四年时间。《文心雕龙》的五十篇文章，自然都是骈体文，以骈体文讨论文学理论问题，难度当然很大，但刘勰却写得相当成功。这也可以看出作者的语言功力了。《丽辞》是刘勰所作《文心雕龙》的一篇，该篇讨论的是“俪(lí)辞”，即骈偶的辞语，并不是讨论运用美丽辞藻的。由于作者生活的时代写文章求骈对，所以他写了这一篇，表述了自己的看法。

原文

造化赋形，支体必双[1]；神理为用，事不孤立。夫心生文辞，运裁百虑，高下相须，自然成对。唐、虞之世，辞未极文，而皋陶赞云：“罪疑惟轻，功疑惟重[2]”；益陈谟云：“满招损，谦受益[3]”；岂营丽辞，率然对耳(原作尔。黄云：案冯本作耳。今依校改)。《易》之《文》、《系》，圣人之妙思也[4]。序乾四德，则句句相衔[5]；龙虎类感，则字字相丽(原作俪，今校改)[6]；乾坤易简，则宛转相承[7]；日月往来，则隔行悬合[8]；虽句字或殊，而偶意一也。至于《诗》人偶章[9]，大夫联辞[10]，奇偶适变，不劳经营。自杨、马、张、蔡[11]，崇盛丽辞，如宋画吴冶(画原作盡，冶原作治，朱改)[12]，刻形镂法[13]，丽句与深采并流，偶意共逸韵俱发[14]。至魏、晋群才，析句弥密，联字合趣[15]，剖(一作割)毫析厘。然契机者入巧，浮假者无功[16]。

故丽辞之体，凡有四对：言对为易，事对为难，反对为优，正对为劣。言对者，双比空辞者也[17]；事对者，并举人验者也；反对者，理殊趣合者也[18]；正对者，事异义同者也[19]。长卿《上林》（原有赋，校云：原脱、补。今仍删）云："修容乎《礼》园，翱翔乎《书》圃[20]。"此言对之类也。宋玉《神女（原有赋，今删）》云："毛嫱鄣袂，不足程式；西施掩面，比之无色[21]。"此事对之类也。仲宣《登楼》（铃木云：闵本冈本有赋字）云："钟仪幽而楚奏，庄舄显而越吟[22]。"此反对之类也。孟阳《七哀》云："汉祖想枌榆，光武思白水[23]。"此正对之类也。凡偶辞胸臆，言对所以为易也；徵（原作拟，一作徵）人在（原作之，今校改）学，事对所以为难也[24]；幽显同志，反对所以为优也；并肩（原作贵，今依纪昀校改）共心，正对所以为劣也。言对（原作又以，今依纪昀校改）事对，各有反正，指类而求，条目（原作万条目，今依范校改）昭然矣[25]。

张华诗称"游雁比翼翔，归鸿知接翮[26]"，刘琨诗言（原在诗字上）"宣尼悲获麟，西狩泣孔邱[27]"。若斯重出，即对句之骈枝也[28]。

是以言对为美，贵在精巧；事对所先，务在允当。若两言（原作事，依纪评校改。）相配，而优劣不均，是骥在左骖，驽为右服也[29]。若夫事或孤立，莫与相偶，是夔之一足[30]，趻（谭校作踸。铃木云：嘉靖本作踸。）踔而行也[31]。若气无奇类，文乏异采，碌碌丽辞，则昏睡耳目。必使理圆事密，联璧其章[32]。迭用奇偶，节以杂佩[33]，乃其贵耳。类此而思，理自（汪本作斯）见也。

赞曰：体植必两[34]，辞动有配。左提右挈，精末（原作味，今依刘永济校改）兼载[35]。炳烁联华，镜静含态[36]。玉润双流，如彼珩珮[37]。

注释

[1]支体：同"肢体"。

[2]皋陶（gāoyáo）赞：出自《尚书·大禹谟》，是皋陶赞大禹之辞。　罪疑惟轻，功疑惟重：罪可疑则刑罚从轻，功可疑则赏赐从重。

[3]益：伯益，人名。　谟（mó）：谋划，计谋。

[4]《易》之《文》、《系》：《周易》的《文言》和《系辞》。

[5]乾四德：乾卦的四德：元、亨、利、贞。　句句相衔：句与句对偶。《周易·乾卦·文言》："元者，善之长也；亨者，嘉之合也；利者，义之和也；贞者，事之干也。"故曰："乾元亨利贞。"

[6]龙虎类感：《周易·乾卦·文言》："云从龙，风从虎，圣人作而万物睹。"

[7]乾坤易简：《周易·系辞上》："乾以易知，坤以简能；易则易知，简则易从；易知则有亲，易从则有功；有亲则可久，有功则可大；可久则贤人之德，可大则贤人之业。易简而天下之理得矣。"　宛转相承：委婉曲折、上下相承的对偶。

[8]日月往来：《周易·系辞下》曰："日往则月来，月往则日来。日月相推，而明生焉。寒往则暑来，暑往则寒来，寒暑相推，而岁成焉。"又："往者屈也，来者伸也，屈伸相感，而利生焉。"　隔行悬合：隔行对偶。

[9]《诗》人偶章：指《三百篇》中的对句。

[10]大夫联辞：指《左传》、《国语》中大夫朝聘应对之辞。

[11]杨、马、张、蔡：杨雄、司马相如、张衡、蔡邕，均前后汉大赋作家。

[12]宋画吴冶:宋国之画、吴国人之冶。

[13]刻形镂法:刻意雕饰。

[14]“丽句与深采”二句:对偶句与华丽的文采、清幽的音韵相得益彰。 逸韵:清幽的音韵。

[15]联字合趣:对偶的字句务必要有情趣。

[16]“契机者”二句:深合需要就进入巧妙之境,矫揉造作就会劳而无功。契机,切合机缘(指“需要”);浮假,浮泛不切实用。

[17]双比空辞:词语双双排列,形成对偶。

[18]理殊趣合:事物相反但旨趣相合,即相反的事物相对偶,但旨趣相合。

[19]事异义同:不同的事物相对,但意义相同。

[20]“修容乎”二句:出司马相如之《上林赋》。

[21]“毛嫱鄣袂”四句:出宋玉之《神女赋》。

[22]“钟仪幽”二句:出于王粲之《登楼赋》。

[23]“汉祖想”二句:出自晋·张载《七哀诗》,今存之《七哀诗》二首中,无此二句,盖原诗不止二首,其馀已亡佚。以上用郭晋稀说。

[24]“徵人在学”二句:验徵人事需要深厚的学问,因而事对比较困难。

[25]指类而求,条目昭然:以此类推,对偶句的各种情形就明白了。

[26]“张华诗”二句:出自其所作《杂诗》,载《玉台新咏》。

[27]“刘琨诗”二句:二句诗出自其所作《孟赠卢谌》,载《文选》。

[28]对句之骈枝:对句中多馀的话。

[29]左骖、右服:不相匹配。古人马车有四匹马拉,中间的两匹叫“服”,两边的分别叫“左骖”,“右骖”。

[30]夔(kuí)之一足:古代神话中的动物夔只有一条腿,行走十分困难。

[31]趻踔(chénchuō):行走困难,艰难撑持的样子,也作“踸踔”。

[32]联璧其章:文句如联璧,即如两块美玉相接才好。联璧也可作“连璧”。

[33]节以杂佩:用杂佩之玉节制其步态,使符合节奏、旋律。杂佩:珩、璜、琚、瑀、衡牙之类的玉。

[34]体植:事物确立。 必两:必须成对。

[35]精末兼载:精与粗都要兼顾。

[36]炳烁:光华灿烂。 联华:并蒂之花。 镜静含态:如对镜理妆那样包含情态。

[37]玉润双流:对仗的文句要像玉器那样双双下垂,润泽主人。 珩佩:叫做珩的佩玉,佩戴者行动时珩上的“瑛”即与“衡牙”相触,发出铿锵悦耳的声音,用以节制行者的步态,使之符合规范。

新评

刘勰是主张骈对的,这从文章开始说的“造化赋形,支体必双;神理为用,事不孤立”即可看出,他所以这样与其生活时代的文苑风气有关。但刘勰并不主张骈偶化,正如他在文中所说的“奇偶适变,不劳经营”。即使用单句或对句,不必过分人为化。文章共三部分:第一部分从中国文学的发展谈骈偶,他从《尚书》、《周易》、《诗经》说起,下及汉、魏及晋代诗人,指出后代的“丽句”和“偶意”越来越多,但有“契机”和“浮假”的区别。第二部分是谈骈偶的分类及其优劣的。他举宋玉、司马相如、王粲、张载的诗赋,也举了张华、刘琨的诗句说明这个问题。主张“理圆事密,联璧其章”,“选用奇偶,节以杂佩”。最后一部分是自己对骈偶的看法,要求“体值必两,辞动有配”，但要“玉润双流，如彼珩佩”。即既要骈偶，又要符合文意与环境。这也是全文的观点。总之，刘勰是主张骈对的，但又要求“奇偶适变”，不能为骈偶而骈偶，把文章弄坏。

《文选》序

萧 统

题解

萧统（501—531），守德施，南兰陵（今江苏常州西北）人，本是南朝梁代武帝萧衍的太子，卒谥昭明，故世称昭明太子。他的文学思想是“踵事增华”，“变本加厉”，即越是到后代，文章应该更加优美。在这种思想指导下，他编选前代的诗文作品为《文选》，对保存古代文献有着巨大贡献，并在文体论方面有些建树。本篇即叙写他的文学观点与编辑《文选》的宗旨。

原文

式观元始[1]，眇觌玄风[2]；冬穴夏巢之时，茹毛饮血之世[3]。世质民淳，斯文未作。逮乎伏羲氏之王天下也，始画八卦，造书契，以代结绳之政，由是文籍生焉[4]。《易》曰：“观乎天文，以察时变；观乎人文，以化成天下[5]。”文之时义远矣哉[6]！若夫椎轮为大辂之始，大辂宁有椎轮之质[7]？增冰为积水所成，积水曾微增冰之凛[8]，何哉？盖踵其事而增华，变其本而加厉[9]；物既有之，文亦宜然；随时变改，难可详悉。

尝试论之曰：《诗序》云：“诗有六义焉，一曰风，二曰赋，三曰比，四曰兴，五曰雅，六曰颂。”至于今之作者，异乎古昔。古诗之体，今则全取赋名[10]。荀、宋表之于前，贾、马继之于末[11]。自兹以降，源流实繁。述邑居则有“凭虚”、“亡是”之作[12]，戒畋游则有“长杨”、“羽猎”之制[13]。若其纪一事，咏一物，风云草木之兴，鱼虫禽兽之流，推而广之，不可胜载矣。

又楚人屈原，含忠履洁，君匪从流，臣进逆耳，深思远虑，遂放湘南[14]。耿介之意既伤[15]，壹郁之怀靡愬[16]，临渊有怀沙之志[17]，吟泽有憔悴之容[18]。骚人之文，自兹而作。

诗者，盖志之所之也，情动于中而形于言：《关雎》、《麟趾》，正始之道著[19]；桑间濮上，亡国之音表[20]；故风雅之道，粲然可观。自炎汉中叶，厥途渐异：退傅有《在邹》之作[21]，降将著《河梁》之篇[22]；四言五言，区以别矣。又少则三字，多则九言，各体互兴，分镳并驱。颂者，所以游扬德业，褒赞成功；吉甫有“穆若”之谈[23]，季子有“至矣”之叹[24]。舒布为诗，既言如彼；总成为颂，又亦若此。次则：箴兴于补阙，戒出于弼匡，论则析理精微，铭则序事清润，美终则诔发，图象则赞兴。又：诏诰教令之流，表奏笺记之列,书誓符檄之品,吊祭悲哀之作,答客指事之制[25],三言八字之文[26],篇辞引序,碑碣志状,众制锋起,源流间出。譬陶匏异器[27],并为入耳之娱;黼黻不同,俱为悦目之玩。作者之致,盖云备矣。

余监抚余闲[28],居多暇日。历观文囿,泛览辞林,未尝不心游目想,移晷忘倦[29]。自姬、汉以来,眇焉悠邈,时更七代[30],数逾千祀。词人才子,则名溢于缥囊,飞文染翰,则卷盈乎缃帙[31]。自非略其芜秽,集其清英,盖欲兼功,太半难矣!若夫姬公之籍,孔父之书[32],与日月俱悬,鬼神争奥,孝敬之准式,人伦之师友;岂可重以芟夷,加之翦截。老、庄之作,管、孟之流[33],盖以立意为宗,不以能文为本;今之所撰,又以略诸。若贤人之美辞,忠臣之抗直,谋夫之话,辨士之端,冰释泉涌,金相玉振[34]。所谓坐狙丘,议稷下[35],仲连之却秦军[36],食其之下齐国[37],留侯之发八难[38],曲逆之吐六奇[39],盖乃事美一时,语流千载,概见坟籍,旁出子史,若斯之流,又亦繁博。虽传之简牍,而事异篇章;今之所集,亦所不取。至于记事之史,系年之书,所以褒贬是非,纪别异同;方之篇翰[40],亦已不同。若其赞论之综辑辞采,序述之错比文华,事出于沉思,义归乎翰藻[41],故与夫篇什,杂而集之。远自周室,迄于圣代,都为三十卷[42],名曰《文选》云尔。

凡次文之体,各以汇聚。诗赋体既不一,又以类分;类分之中,各以时代相次。

注释

[1]式观:观察。式,语首助词,无义。

[2]眇觌:远见。　玄风:太古的风习。

[3]冬穴夏巢:冬天住在山间,夏天在树上搭巢。　茹毛饮血:带毛吞食,喝猎获禽兽的血。谓原始社会人的生活状况。

[4]伏羲氏:传说中上古社会的"三皇"(伏羲氏、燧人氏、神农氏)之一,传他教民渔猎,故又称"庖牺"。又传他据河图洛书始画八卦,创造了文字。　书契:刻在龟板或石片上的文字。　结绳之政:结绳记事的事情。文籍:文字书籍。

[5]天文:日月星辰等的变化。　人文:人事的记录,指古代典籍。　化成天下:以教化治理安定天下。

[6]时义:时代意义。

[7]椎轮:原始的车子。　大辂(lù):古代天子所乘之车。　质:质朴。

[8]微增冰之凛:没有层冰那样凛冽。

[9]踵事增华:继续其事而增加华彩。　变本加厉:改变了原样,比原先更甚。

[10]全取赋名:赋本为古诗"六义"之一,后演变成一种文体了。

[11]荀、宋:指荀卿与宋玉,荀有《礼》、《智》、《箴》、《云》、《蚕》赋,宋有《风》、《钓》、《美人》等赋。　贾、马:贾谊与司马相如,贾有《吊屈原》、《鹏鸟》等赋,司马相如有《子虚》、《上林》等赋作。

[12]邑居:城邑,居室,指"京都"一类赋作。　凭虚:张衡《西京赋》里假托的人物——凭虚公子。　亡是:指司马相如《上林赋》中假托的人物——亡是公。

[13]长杨、羽猎,指杨雄的《长扬赋》、《羽猎赋》。

[14]放湘南:被流放到湘水之南部。

[15]耿介:正直。

[16]壹郁:同"抑郁",积忧不解。　靡愬:无处告诉。愬,同"诉"。

[17]怀沙:屈原《九章》中的一篇,过去认为是屈原的绝命词,即怀揣沙石沉渊,现据马茂元研究,认为是怀念长沙。(见其所著《楚辞选》)

[18]泽:水泽边。《楚辞·渔父》:"屈原既放,游于江潭,行吟泽畔。"　憔悴(qiáo cuì):面色黄瘦。

[19]正始之道:端正其初始之道。

[20]桑间濮上:"桑间"为地名,"濮上"即濮水之上,亦可理解为地名。《礼记·乐记》云,昔殷纣使师延作靡靡之乐,已而自沉于濮水,后师涓过焉,闻水中有乐声,谱而鼓于晋平公,因将"桑间濮上"认为是"亡国之音"所从出者。

[21]退傅:指韦孟,他本是汉代楚元王之傅,退休之后写过《讽谏诗》、《在邹诗》,致讽意焉。

[22]降将:指李陵,传他投降匈奴后与苏武相见,作有《与苏武诗》,其第三首有"携手上河梁"之,实际上是傅会,萧统并不以为是傅会,因有是语。

[23]吉甫:指尹吉甫。周时大臣。《诗经·大雅·烝民》有句曰:"吉甫作诵,穆如清风。"

[24]季子:春秋时吴国的公子,他出使鲁国时,鲁国为他演奏诗乐,他听后曾感叹道:"至矣哉!"事见《左传·襄公二十九年》。

[25]答客:汉武帝时的东方朔作过《答客难》,故指称这一类文体,《文选》将它们归入"议论"赋之中。指事:即"七体"赋,西汉枚乘的《七发》开其先河。

[26]三言:指一种文体,是一种文字游戏性质的隐语。如《孝经援神契》之"宝文出,刘季握,卯金刀,在轸北,字禾子,天下服"即是。　八字:指另一种文体,如《曹娥碑》后题刻之"黄绢幼妇,外孙齑臼"即是八字文。

[27]陶匏:指陶土烧制的乐器埙和以葫芦制作的乐器笙。

[28]监抚:监国抚民,本是皇太子应尽的职责。

[29]移晷(guǐ):同"移时",即时间过了很长。

[30]更七代:经历了周、秦、汉、魏、晋、宋、齐。

[31]缥囊:用月白色的帛所作的书袋。　缃帙:用浅黄色帛所作的书衣。二句谓书籍很多。

[32]姬公:指周公,他姓姬。　孔父:指孔子。

[33]老、庄、管、孟:指老聃、庄周、管仲、孟轲等诸子。

[34]金相玉振:文辞之美如金之光辉、如玉声之柔和。《诗经·大雅·棫朴》有句曰:"金玉其相。"

[35]狙丘、稷下:皆地名。狙丘为辩者田巴骋辩之所。稷为齐国都之城门名。稷下即稷门之下。

[36]仲连却秦军:鲁仲连使秦军撤退。战国赵孝成王时,秦军围邯郸,魏国将军辛垣衍至赵,主张投降,鲁仲连驳斥之,坚持抗敌,秦军闻之,为之退军五十里。事见《史记·鲁仲连邹阳传》及《战国策·赵策》。

[37]食其(yìjī):楚汉战争时,刘邦派郦食其游说齐王田广,下齐七十馀城。事见《史记·郦生陆贾传》。

[38]留侯:指张良,西汉时封为留侯。　发八难:发了八个问难。刘邦欲封六国之后,张良发八难,使刘邦悟其事不可行。事见《史记·留侯世家》。

[39]曲逆:指西汉时期的陈平,封为曲逆侯,故称。　吐六奇:陈平佐刘邦,曾六出奇计,具体不可知。

[40]篇翰:指文章。

[41]事出于沉思,义归乎翰藻:叙述之事要有严密的构思,论赞之语要有辞采。

[42]都:汇总,总共。

新评

本篇可分为两部分：前一部分论述历代文学的发展，后一部分论述《文选》的编辑思想。两部分的观点可以概括为：文学作品越到后代越优美是符合规律的现象。

第一部分先从原始社会"世质民淳"时写起，叙说到文字的创造及典籍的产生，得出了"踵事增华"，"变本加厉"的观点，并以起笼盖全篇。接着叙写汉代以后各种文体的勃兴，道出了文学作品应该是"入耳之娱"、"悦目之玩"的观点。

第二部分论述《文选》的选文标准，认为经书、诸子百家之言及史传作品所述故事并不在收选范围，只取"事出于沉思，义归乎翰藻"者为《文选》的选取范围。

从以上分析可以看出，该《序》的一个特点是不断提出观点，归纳起来，即是全文主旨。第二个特点是结合文学的发展史，谈选文的标准。作者的观点是在论述(或叙述)历史现象时随机发出的，既表出了"言之有据"的思想，又表现了"站在高处、俯瞰现象"的意识。

采莲赋

萧　绎

题解

萧绎(508—554)，字世诚，号金楼子，南兰陵(今江苏常州西北)人，系南朝梁武帝的第七子，初封湘东王，侯景之乱后他在江陵称帝，是为梁元帝，在位三年，为西魏军所杀。他在南梁是重要的宫体诗作家，《彩莲赋》亦属宫体赋，是刻画并表现采莲女子的作品。

原文

紫茎兮文波[1]，红莲兮芰荷[2]。绿房兮翠盖[3]，素实兮黄螺[4]。于时妖童媛女[5]，荡舟心许[6]，鷁首徐回[7]，兼传羽杯[8]。櫂将移而藻挂，船欲动而萍开。尔其纤腰束素，迁延顾步[9]。夏始春余，叶嫩花初。恐沾裳而浅笑，畏倾船而敛裾，故以水溅兰桡[10]，芦侵罗裙[11]。菊泽未反[12]，梧台迥见[13]，荇湿沾衫[14]，菱长绕钏[15]。泛柏舟而容与[16]，歌采莲于江渚[17]。歌曰："碧玉小家女[18]，来嫁汝南王[19]。莲花乱脸色，荷叶杂衣香。因持荐君子[20]，愿袭芙蓉裳[21]。"

注释

[1]文波：有纹路的水波。

[2]芰(jì)荷：出水的荷叶。

[3]房：花苞。　盖：车盖，形容枝叶茂密。

[4]素实黄螺：白色的果实藕，黄色的莲子，上有花纹。

[5]妖童：穿着艳丽服饰的青年男子。　媛女：美女。

[6]心许：两心相许。

[7]鹢首：画了鹢鸟的船头，此指船。徐回：缓缓地回荡。

[8]羽杯：状为羽翼的酒杯，即指古代的耳杯。

[9]櫂(zhào)：同“棹”，划船的工具，类似船桨。　迁延：逍遥自在。　顾步：走时回首顾盼。

[10]水溅兰桡(ráo)：水花溅落在兰木桨上。

[11]芦侵罗袸(jiāo)：芦苇侵拂着丝织的卧席。

[12]菊泽未反：菊花的光泽尚未放射，谓菊花尚未开放。反同“返”。

[13]梧台迥见：梧宫之台遥远，难以见到，此句谓眼界开阔。梧台，战国时齐有梧宫，所在之台叫梧台；迥，遥远。

[14]荇(xìng)：一种水草。

[15]菱长绕钏：菱茎长长的，绕着手腕上的镯子。

[16]容与：徘徊不进貌。

[17]渚(zhǔ)：水中小沙洲。

[18]碧玉：汝南王之妾的名字，娘家姓刘，后称贫家女为“碧玉”。

[19]汝南：郡名，治在河南上蔡。此句谓两情相悦，愿结为夫妇。

[20]荐：献给。

[21]袭：穿。此句谓希望男子品行高洁，如同芙蓉。

新评

本赋描写采莲女子与青年男子劳动中的相爱相悦，表现了作者对妖童媛女自然结合的赞赏。它在艺术上的优点是：一、描写细腻，辞藻优美。如开篇写水中莲花曰：“紫茎兮文波，红莲兮芰荷。绿房兮翠盖，素实兮黄螺。”接着写青年男女的动作：“妖童媛女，荡舟心许。鹢首徐回，兼传羽杯。櫂将移而藻挂，船欲动而萍开。尔其纤腰束素，迁延顾步。”“恐沾裳而浅笑，畏倾船而敛裾……荇湿沾衫，菱长绕钏。”二、歌颂与情节融为一体，是情节的自然延伸。如说“荷花乱脸色，荷叶杂衣香。因持荐君子，愿袭芙蓉裳”，即表现了“媛女”对“妖童”的期盼。不像一般的“乱”词，只是对上文加以总结的。

鸳鸯赋

徐　陵

题解

徐陵(507—583)，字孝穆，东海郯(今山东郯城)人，他是南梁时著名的宫体诗人。他编的《玉台新咏》，专收上古时期歌咏男女之情的作品，于此也可看出他的文学情趣了。《鸳鸯赋》亦为咏情之作，以鸳鸯鸟的不弃不离、长相厮守喻人间专一的男女情爱。在宫体诗赋中是一篇短小而清丽的作品。

【原文】

飞飞兮海滨，去去兮迎春。炎皇之季女[1]，织素之佳人[2]。未若宋王之小史[3]，含情而死。忆少妇之生离[4]，恨新婚之无子[5]。既交颈于千年，亦相随于万里。山鸡映水那自得[6]？孤鸾照镜不成双[7]。天下真成长合会，无胜比翼两鸳鸯。观其哢吭浮沉[8]，轻躯瀺㵽[9]。拂荇戏而波散[10]，排荷翻而水落[11]。特讶鸳鸯鸟，长情真可念。许处胜人多[12]，何时肯相厌？闻道鸳鸯一鸟名，教人如有逐春情[13]。不见临邛卓家女[14]，只为琴中作许声[15]。

【注释】

[1]炎皇季女：神农氏最小的女儿，后追随赤松子仙去。

[2]织素佳人：纺织素绢的女子。古诗《上山采蘼芜》有曰："新人工织缣，故人工织素。"

[3]宋王小史：战国时宋国康王的小史，指韩凭。韩凭妻何氏美，康王夺之，韩凭与何氏皆自杀。后坟上生出梓树，根交于下，枝错于上，又有雄雌鸳鸯栖树上，晨夕不离，交颈悲鸣，音声感人。

[4]少妇生离：谓何氏与其夫韩凭被活活拆散。

[5]新婚之无子：韩凭、何氏夫妇新婚即被拆开，故无子。

[6]山鸡映水：据《异苑》载，山鸡爱其羽毛丰美，常照水而舞。

[7]孤鸾照镜：失群的鸾鸟，孤鸾被罽(jì)宾王捕获后三年不鸣，夫人谓王曰："鸟见其类而后鸣。"乃以镜照之，鸾睹影悲鸣而绝。

[8]哢吭(tònghánɡ)浮沉：鸟鸣叫与浮水。

[9]瀺㵽(chánzhuó)：忽隐忽现的浮沉之状。

[10]拂荇：排拂荇藻。荇(xìnɡ)，一种水草。

[11]排荷：谓水波推排荷花。

[12]许处：此处。

[13]逐春情：追逐情爱。

[14]卓家女：指卓文君，她是临邛(qiónɡ)富豪卓王孙的女儿，新寡在家。卓王孙宴请司马相如，女乃窥帘心属之，司马相如借弹琴之机挑逗："同缘交颈为鸳鸯，胡颉颃兮共翱翱。"两人遂夜奔。

[15]作许声：作此声。

【新评】

此赋以鸟喻人，表现了作者希望人间夫妻"长合会"的理想。赋文先用诸多典故(如炎帝季女、韩凭夫妇、映水山鸡、照镜孤鸾等)将鸳鸯鸟引出，谓成仙与巧艺远不如"交颈千年"，"相随万里"。之后，对鸳鸯鸟进行了形象的描写：它们"哢吭浮沉，轻躯瀺㵽"，拂荇排荷。最后，面对鸳鸯鸟的长相厮守，发出人生的感慨："长情真可念。"在感慨中，又特举司马相如与卓文君互相爱悦私奔一事以为人间榜样，令人遐思无穷。

寒陵山寺碑

温子升

题解

温子升(495—547),是北朝著名文学家,他在北魏中期入仕,历经东魏,直到北齐初年逝世,一直在朝为官、撰写政令文字。他写的骈文,曾受到南朝大骈文家庾信肯定。本篇是颂扬高欢功绩的,因高欢在寒(亦作"韩")陵山(今河南安阳市东)打败尔朱兆的军队,对北魏解除尔朱氏的军事威胁作用最大,所以在此处立寺刻碑,纪念高欢的贡献。

原文

昔晋文尊周[1],绩宣于践土[2];齐桓霸世[3],威著于邵陵[4]。并道冠诸侯[5],勋高天下。衣冠会同之所[6],兵车交合之处[7],寂莫消沈,荒凉磨灭。言谈者空知其名,遥遇者不识其地。然则树铜表迹[8],刊石记功[9],有道存焉,可不尚欤[10]?永安之季[11],数钟百六[12],天灾流行,人伦交丧[13]。尔朱氏既绝彼天纲[14],断兹地纽[15],禄去王室[16],政出私门[17]。铜马竞驰[18],金虎乱噬[19];九婴暴起,十日并出[20]。破壁毁珪[21],人物既尽;头会箕敛[22],杼柚其空[23]。大丞相勃海王[24],命世作宰[25],惟机成务[26];标格千仞[27],崖岸万里[28]。运鼎阿于襟抱[29],纳山岳于胸怀[30]。拥玄云以上腾[31],负青天而高引[32]。钟鼓嘈囋[33],上闻于天;旌旗缤纷,下盘于地。壮士懔以争先[34],义夫愤而竞起。兵接刃于斯场[35],车错毂于此地[36]。轰轰隐隐[37],若转石之坠高崖;硠硠磕磕[38],如激水之投深谷。俄而雾卷云除,冰离叶散,靡旗蔽日,乱辙满野。楚师之败于柏举[39],新兵之退自昆阳[40],以此方之,未可同日。既考兹沃壤,建此精庐[41],砥石砺金[42],莹珠琢玉[43],经始等于佛功[44],制作同于造化[45]。悬心是归[46],净行攸处[47]。神异毕臻[48],灵仙总萃[49]。鸣玉鸾以来游[50],带霓裳而至止[51]。翔凤纷以相欢,飞龙蜿而俱跃。虽复高天销于猛炭[52],大地沦于积水[53],固以传之不朽,终亦记此无忘。

注释

[1]晋文尊周:晋文公(姬重耳)维护周室之王权。详见下注。

[2]践土:春秋郑地,在今河南原阳县西南。为晋文公率诸侯朝周王处。《左传·僖公二十八年》载,晋楚城濮之战,"楚师败绩"。晋军还,"至于衡雍,作王宫于践土"。周襄王:"策命晋侯为侯伯",令重耳"敬服王命,以绥四方,纠逖王慝"。重耳率诸侯朝王于践土,与诸侯盟。《左传·定公元年》曰:"晋文公为践土之盟,曰:'凡我同盟,各复旧职。'"

[3]齐桓霸世:齐桓公称霸诸侯,首为盟主。

[4]邵陵：地名，春秋时楚邑，在今河南郾城县东。《左传·僖公四年》载，齐桓公"以诸侯之师（按指鲁、宋、陈、卫、郑、许、曹）侵蔡，蔡溃，遂伐楚，次于陉"。楚子使屈完至召陵，"及诸侯盟"，承认齐桓公为霸主。

[5]冠（guàn）：居于首位。

[6]衣裳会同：诸侯和平会盟，与"兵车之会"相对而言。衣裳，礼服；会同，会盟。《穀梁传·庄公二十七年》："衣裳之会十有一，未尝有歃血之盟也，信厚也；兵车之会四，未尝有大战也，爱民也。"

[7]兵车交合：即兵车之会，参看上注。

[8]树铜：立铜柱以旌功，指后汉马援事。马援拜伏波将军，征交阯，平之。乃立铜柱以表其功，受封新息侯。

[9]刊石：刻石立碑，用后汉窦宪事。《后汉书》本传载，宪率精骑"与北单于战于稽落山，大破之。虏众崩溃，单于遁走"。诸部率众降者二十馀万人。"遂登燕然山，去塞三千馀里，刻石勒功，纪汉威德，令班固作铭"。

[10]尚：贵，看重。《孟子·尽心上》："士尚志"注曰："尚，贵也。"

[11]永安之季：永安之末。永安为北魏庄帝元子攸第二年号（528—530），历 3 年。

[12]数钟百六：谓数会一百零六，为"百六会"，遭遇厄运。梁武帝《孝思赋序》有"数钟百六，时会风雷"句，即此义。古术数家以为，四千六百一十七岁为一元，初入元之一百零六岁内有旱灾九年，谓之阳九；随后之三百七十四岁内有水灾九年，谓之阴九。阳为旱灾，阴为水灾。《汉书·律历志》："三统，是为元岁。元岁之闰、阴阳灾，三统闰法。《易》九厄曰：初入元，百六，阳九；次三百七十四，阴九……凡四千六百一十七岁，为一元终。"注引孟康曰："《易传》也，所谓阳九之厄，百六之会者也。"

[13]交丧：交相丧失。语出《庄子·缮性》："世丧道矣，道丧世矣，世与道，交相丧也。"

[14]尔朱氏：指尔朱荣及其从弟尔朱彦伯、尔朱仲远、尔朱世隆，从子尔朱兆，从祖兄子尔朱天光辈。皆北秀容人，其先居于尔朱川，因为氏焉。　天纲：天之纲维，此喻指奉君之道。《春秋繁露·基义》："天为君而覆露之，地为臣而持载之。"《礼纬·含文嘉》："君为臣之纲。"

[15]地纽：地之纽带，即地维。纽，系也。此以"绝地纽"喻搅乱天下秩序，如《列子·汤问》之"绝地维"然。

[16]禄去王室：福离朝廷。禄，福。《说文》："禄，福也，从示，录声。"《诗经·大雅·既醉》之"天被尔禄"句亦注曰："禄，福也。"

[17]政出私门：国家政令由权臣握持。此指尔朱氏专权。

[18]铜马竞驰：谓叛乱四起。"铜马"为西汉末一叛军之号，该叛军被汉光武刘秀击破。

[19]金虎乱噬：谓战争连年不断。西方有白虎七宿：奎、娄、胃、昴、毕、觜、参。又金星（太白星）于黄昏时现西天。金星与昴星相接，谓之金虎相搏，为兵乱之象。《甘石星经》曰："昴，西方白虎之宿；太白，金之精。太白入昴，金虎相搏，主有兵乱。"

[20]九婴、十日：谓灾害迭出，为害人民。《淮南子·本经训》："逮至尧之时，十日并出，焦禾稼，杀草木，而民无所食。猰貐、凿齿，九婴（按，九首怪兽）、大风、封豨、修蛇，皆为民害。"

[21]破璧毁珪：谓贤臣遭害。珪璧皆玉。《说文》："圭，瑞玉也，上圆下方。"又："璧，瑞玉圆也。"《后汉书·黄琼传》责汉桓帝不辨忠奸、不审真伪，曰："使朱紫共色，粉墨杂糅，所谓抵金玉于沙砾，碎珪璧如泥涂。四方闻之，莫不愤叹。"

[22]头会箕敛：谓搜刮民财。《史记·张耳陈馀列传》述秦为乱政虐刑，残贼天下，曰："头会箕敛，以供军费。"集解引《汉书音义》："家家人头数出谷，以箕敛之。"按，此语实太史公沿用《淮南子·氾论训》："秦之时，高为台榭，大为苑囿，远为驰道，铸金人，发谪戍，入刍藁，头会箕赋，入于少府。"

[23]杼柚其空：言人民被搜求，衣物皆尽，极端贫苦。杼柚，亦作杼轴，织具，杼以持纬，柚以受经。事出《诗经·小雅·大东》："小东大东，杼柚其空。"

[24]渤海王：指高欢。欢于前废帝（节闵帝）普泰元年（531）三月封渤海王。

[25]命世作宰:才高一世而为宰辅。尔朱兆弑魏庄帝后,立元恭为帝(是为前废帝),高允则立元朗为帝(是为后废帝)相抗。元朗乃以高欢为大丞相、柱国大将军。后高欢又废元朗而立元脩(是为出帝),元脩复除高欢大丞相,加天柱大将军。

[26]惟机成务:研求机微而成就大业。语出《周易·系辞上》:"夫易,圣人之所以极深而研几也。唯深也,故能通天下之志;惟几也,故能成天下之务。"

[27]标格:犹云风范、风度。语出《抱朴子·重言》:"吾特收远名于万代,求知己于将来,岂能竞见知于今日,标格于一时乎?"

[28]崖岸:本指山崖堤岸,如《水经注·河水》:"其道艰阻,崖岸险绝。"后以喻人之情性傲兀威严。此用喻意。

[29]鼎阿(ē):喻文韬武略。鼎,祭器,成礼用之;阿,太阿,古良剑名。

[30]纳山岳:此句谓胸中自有社稷江山。

[31]玄云:黑云。《论衡·感虚》:"龙登玄云。"

[32]高引:高举。此句用《庄子·逍遥游》鹏鸟上腾九万里,"背负青天而莫之夭阏"意。

[33]嘈囋:乐声相和貌。《抱朴子》:"清弦嘈囋以齐唱。"此指军中金鼓之声。

[34]懔以争先:懔然而争先赴敌。《荀子·议兵》有曰:"臣下懔然,莫必其命。"为此句所本。

[35]兵接刃句:谓高欢与尔朱天光战于韩陵。《魏书·前废帝纪》:普泰"二年春三月,齐献武王败尔朱天光等于韩陵"。《尔朱兆传》曰:"兆与天光、度律更自信约,然后大会于韩陵山,战败。"《北齐书·神武纪》:神武"乃韩陵为圆阵,连牛驴以塞归道,于是将士皆有死志,四面赴击之。"《高昂传》曰:昂"随高祖讨尔朱荣于韩陵……及战,高祖不利,军小却,兆等方乘之。高岳、韩匈奴等以五百骑冲其前,斛律敦收散卒蹑其后,昂与蔡俊以千骑自粟阳出,横击兆军,兆众由是大败"。

[36]车错毂:战车交错,车轮撞击,形容战斗激烈。语出《楚辞·九歌·国殇》:"车错毂兮短兵接。"毂,车轮上贯轴之处。

[37]轰轰隐隐:众车之声。轰轰亦作"訇訇"、"輷輷"。左思《蜀都赋》:"车马电骇,轰轰阗阗。"王融《三月三日曲水诗序》:"轰轰隐隐,纷纷轸轸。"李善注引《说文》曰:"隐隐,群车声也。"

[38]硠硠礚礚:转石相击之声。语出司马相如《子虚赋》:"礧石相击,硠硠礚礚。"《文选》注曰:"言转石相击而为声。"

[39]柏举:地名,在今湖北省麻城县东北。春秋时,吴楚战于此,楚败。《左传·定公四年》:"十一月庚午,二师陈于柏举。""楚师乱,吴师大败之。""五战,及郢。"

[40]昆阳:地名,在今河南叶县。王莽篡汉改国号为新,纵兵围更始帝于昆阳。刘秀自外发兵与战,南城内兵复夹击之,莽军大败。《后汉书·光武纪上》:更始元年六月乙卯,"光武乃与敢死者三千人"冲击,"城中亦鼓噪而出,中外合势,震呼动天地。莽兵大败,走者相腾践,奔殪百余里间。会大风雨,屋瓦皆飞,雨下如注,滍川盛溢,虎豹皆股战。士卒争赴,溺死者以万数,水为不流"。

[41]精庐:原指精雅房舍,后指佛寺。此指寒陵山寺。

[42]砥石砺金:磨砺础石与金梁,谓建寺材料极坚。

[43]莹珠琢玉:谓装饰珠玉于寺,形容寺之华丽。

[44]经始:《故事成语考·宫室》:"土木方兴曰经始。"语出《诗经·大雅·灵台》:"经始灵台,经之营之。"

[45]造化:创造化育万物之神异力量,即所谓"造物者"。张协《七命》:"功与造化争流,德与二仪比大。"

[46]息心:止心,排除杂念。袁宏《后汉纪·孝明皇帝纪》:"沙门者,汉言息心,盖息意去欲,而归于无为也。"梁吴均《与朱元思书》:"鸢飞戾天者望峰息心。"

[47]净行:清静修行,为佛家语。谢灵运《庐山惠远法师诔》:"勤修净行。"

[48]毕臻:皆至。

[49]总萃:会聚。张衡《东京赋》"总集瑞命"薛综注:"总,会也。"

[50]玉鸾:车上玉铃,此指仙人车铃。《离骚》:"扬云霓之晻蔼兮,鸣玉鸾之啾啾。"《文选》五臣注曰:"玉,马佩也;鸾,车铃也。"以玉为佩饰,鸾为车铃,玉、鸾分释,亦可通。

[51]带霓裳:以虹霓为裳,束以大带也,为仙人所著服。《楚辞·九歌·东君》:"青云衣兮白霓裳,举长矢兮射天狼"。

[52]高天销于猛炭:指劫火焚毁大千之时。佛经言,坏劫之末,有火、风、水三灾。《仁王经》曰:"劫火洞然,大千俱坏。"

[53]大地沦于积水:指劫水淹没世界之日。佛家言,坏劫末有大水灾。《无量寿经下》:"譬如劫水,弥满世界。"

新评

本文先从晋文、齐桓二公的卓越战功写起,目的是要衬托高欢,谓高欢对稳定北魏的统治起了可与齐桓、晋文尊周相国的作用。中段形象地描写了寒陵山战斗的惨烈,用"钟鼓嘈嘈,上闻于天;旌旗缤纷,下盘于地"来形容之,说明战斗的激烈。末段写建寺,从选址、用料乃至呈异、永垂等方面表现佛寺的不同一般,从而歌颂了高欢的功业。文章的语言能达到很高的水平,即把典故融汇在一般的叙写之中,又能造成对句,如"铜马竞驰,金虎乱噬","高天销于猛炭,大地沦于积水"等即是,表现了作者不凡的语言功底。

请置学及修立明堂奏

邢　邵

题解

邢邵是与温子升齐名的北魏文学家,他的骈文受南朝文学影响很大,但文章能够既典雅美丽,又通俗易懂,这与他不事雕琢、不多用典有关。本篇约是邢邵在北齐文宣帝(高洋)天保二年(551)时上书朝廷的奏章,请求精修太学,并请设置明堂,举行相关的礼仪,以使朝廷教化普及,获得治国人才。

原文

世室明堂[1],显于周夏;一黉两学[2],盛自虞殷[3]。所以宗配上帝[4],以著莫大之严:宣布下土,以彰则天之轨[5]。养黄发以询哲言[6],育青衿而敷教典[7],用能享国长久,风徽万祀者也[8]。爰及亡秦,改革其道,坑儒灭学,以蔽黔黎[9],故九服分崩[10],祚终二代。炎汉勃兴[11],更修儒术。故西京有六学之义[12],东都有三本之盛[13]。逮自魏晋,拨乱相因[14],兵革之中,学校不绝。仰惟高祖孝文皇帝,禀圣自天,道镜今古[15],列校序于乡党[16],敦诗书于郡国,但经始事殷[17],戎轩屡驾[18],未遑多就,弓剑弗追。世宗统历，聿遵先绪[19]，永平之中[20]，大兴版筑，续以水旱，戎马生郊，虽逮为山，还停一篑[21]。而明堂礼乐之本[22]，乃郁荆棘之林[23]；胶序德义之基[24]，空盈牧竖之迹；城隍严固之重[25]，阙砖石之功；墉构显望之要[26]，少楼榭之饰。加以风雨稍侵，渐致亏坠，非所谓追隆堂构，仪刑万国者也[27]。伏闻朝议，以高祖大造区夏[28]，道侔姬文[29]，拟祀明堂，式配上帝。今若基址不修，仍同丘亩，即使高皇神享，阙于国阳[30]，宗事之典，有声无实，此臣子所以匪宁，亿兆所以伫望也。臣又闻官方授能，所以任事，事既任矣，酬之以禄。如此则上无旷官之讥，下绝尸素之谤[31]。今国子虽有学官之名，无教授之实，何异兔丝燕麦[32]，南箕北斗哉？昔刘向有言[33]："王者宜兴辟雍[34]，陈礼乐以风天下。"夫礼乐所以养人，刑法所以杀人，而有司勤勤，请定刑法；至于礼乐，则曰未敢。是敢于杀人，不敢于养人也。臣以为当今四海清平，九服宁晏，经国要重，理应先营；脱复稽延[35]，则刘向之言徵矣[36]。但事不两兴，须有进退。以臣愚量，宜罢尚方雕靡之作[37]，颇省永宁土木之功[38]，拜减瑶光材瓦之力[39]，兼分石窟镌琢之劳及诸事役非世急者[40]。三时农隙，修此数条，使辟雍之礼，蔚尔而复兴；讽诵之音，焕然而更作。美榭高墉，严壮于外；槐宫棘寺[41]，显丽于中。更明古今，生遵乡饮[42]，敦进郡学，精课经业。如此则元凯可得之于上序[43]，游夏可致之于下国[44]，岂不休欤？

注释

[1]世室：夏朝的政事堂。　明堂：宣明政教的厅堂。

[2]黉(hōng)：学舍。　两学：谓国学与大学，国学教胄子，大学招贤良。

[3]虞殷：虞舜时代与商朝。

[4]宗配：疑为"宗祀"之讹。宗祀，对祖先的祭祀。《孝经》有曰："宗祀文王于明堂以配上帝。"

[5]彰：显明。　则天：效法上天。

[6] 黄发：指老年人。老年人发白后变黄，故云。

[7]青衿：指学子。周代太学生服青衿，故名。　敷教典：普及学术教化。

[8]风徽：风雅相善。　万祀：指万年。

[9]蔽黔黎：蒙蔽民众，愚蠢国民。黔，黔首；黎，黎民。

[10]九服：同"九畿"，指全国。《周礼》曰：王畿(jī)之外，每隔五百里为一服，共有九服，依次是：侯服、甸服、男服、采服、卫服、蛮服、夷服、镇服、藩服。

[11]炎汉：指汉朝，古人以五行(金木水火土)生克解释各朝兴灭，曾认为汉朝秉火德而称王于天下，故称炎汉。

[12]西京：西汉国都长安。　六学：谓《易》、《书》、《诗》、《春秋》、《礼》、《乐》六部经典。系明天道、正人伦、致至治之成法。

[13]东都：东汉国都洛阳。　三本：礼之三本，即天地为生之本，先祖为类之本，君师为治之本。

[14]相因：相接，谓接连不断发生。

[15]道镜今古：以从古及今的大道为借鉴。

[16]校序：《礼记》载，夏朝时地方学校称"校"，殷时称"序"。　乡党：义同今语之"乡里"。《周礼》注曰："五

百家为党。"《论语集解》曰:"万二千五百家为乡。"

[17]事殷:事多。

[18]戎轩:兵车。

[19]聿(yù)遵:遵守。"聿"为语首助词。　先绪:先人的事业。

[20]永平:宣武帝(拓跋恪)之年号(508—512),历5年。

[21]一篑:一筐土。《尚书·旅獒》:"为山九仞,功亏一篑。"谓堆土造山差一筐土却停下来,终究未竟其事功。

[22]本:根本。

[23]郁荆棘:杂草灌木茂盛,谓未及修建明堂。

[24]胶:周朝的大学名,即东胶,是周人养国老之处。

[25]城隍:城池,即城墙与护城河。

[26]墉构:上有女墙的围垣。　显望:显扬荣耀的标识。

[27]仪刑万国:为万千国家作表率。

[28]高祖:谓孝文帝(拓跋宏)。　区夏:华夏寰区,谓北魏版图之内。

[29]侔姬文:可与周文王相比并。姬,周天子之姓。

[30]国阳:同"国庠",国家所立学校。

[31]尸素:尸禄素餐。谓徒有虚名,并无实际本事。

[32]兔丝燕麦:喻名不符实,兔丝燕麦俱是植物,它们与兔子、燕子毫无关系。下句之"南箕北斗"与此喻意相同。《诗经·小雅·大东》就说在南的箕星是不可以"簸扬"的,在北的斗星也不能"挹酒浆。"

[33]刘向:西汉末年人,在汉成帝时校序图书。

[34]辟雍:周朝大学名。于其中兴礼乐,宣教化。

[35]脱复稽延:若再迟延。

[36]徵:应验。

[37]尚方:汉代官名,掌管为皇帝制作玩物之事。

[38]永宁:北魏洛阳佛寺名。

[39]拜减:《全北齐文》作"并减",似是。　瑶光:指瑶光寺。北魏世宗宣武帝在洛阳立的尼庵。

[40]石窟:指北魏修凿的大同云岗等石窟。　镌琢:雕刻。

[41]槐宫棘寺:指三公九卿的衙署。

[42]乡饮:指乡饮酒礼。

[43]元凯:指贤良的治国人才。《史记·五帝本纪》载,高阳氏有才子八人,称作"八恺",高辛氏亦有才子八人,称"八元"。　上庠:皇家的学校,参看注[16]。

[44]游夏:有文学才能的学子。孔子高足弟子中,文学科的出类拔萃者为子游、子夏。　下国:与"上庠"相对,地方诸侯,此指各地州郡。

新评

本文是上给朝廷的奏章,它必须得到朝廷的认可,才能发挥作用。所以文章就先从历史上说起,从虞夏到商周,从魏晋再到本朝,讲了历史上各朝重视文教的情形,以说明当今置学校及修立明堂的必要。在讲说当今时又与时政相联系,说到了高祖的愿望与事实相去遥远,也说到了官吏的任务与实际不相符合,还引了当时的尚方、瑶光的极大投入与“石窟镌琢”的耗费巨大，同学校荒凉作对比，说明修复太学和明堂的必要，所有这些，都增强了文章的说服力。

枕中篇

魏　收

题解

魏收（506—572），是北朝文学家，与当时名声很大的温子升、邢邵齐名，史称“北朝三家”。“温邢”之后，即称“邢魏”了。他们的骈文，深受南朝的影响。这大约与北人向南人学习的时代风气有关吧！本篇题为《枕中篇》，原题下有小序曰：“收以子弟少年，申以戒厉，著《枕中篇》。”谓本文是为子侄辈写的，让他们收藏在枕中，示醒寐不忘之意。

原文

收以子弟少年，申以戒厉[1]，著枕中篇。

吾曾览管子之书[2]，其言曰：“任之重者莫如身，途之畏者莫如口，期之远者莫如年[3]。”以重任行畏途，至远期，惟君子为能及矣。追而味之[4]，喟然长息[5]。若夫岳立为重[6]，有潜戴而不倾[7]；山藏称固[8]，亦趋负而弗停[9]。吕梁独浚[10]，能行歌而匪惕[11]；焦原作险[12]，或跻踵而不惊[13]。九陔方集[14]，故眇然而迅举[15]；五纪当定[16]，想窅乎而上征[17]。苟任重也有度，则任之而愈固[18]；乘危也有术[19]，盖乘之而靡恤[20]。彼其远而能通，果应之而可必[21]，岂神理之独尔[22]？亦人事其如一。呜呼！处天壤之间，劳死生之地[23]，攻之以嗜欲，牵之以名利，梁肉不期而共臻[24]，珠玉无足而俱致，于是乎骄奢仍作[25]，危亡旋至。然而上智大贤，唯几唯哲[26]，或出或处[27]，不常其节[28]。其舒也，济世成务[29]；其卷也，声销迹灭。玉帛子女，椒兰律吕[30]，谄谀无所先[31]；称肉度骨[32]，膏唇挑舌，恶怨莫之前[33]。勋名共山河同久，志业与金石比坚。斯盖厚栋不挠[34]，游刃砉然[35]。逮于厥德不常，丧其金璞[36]，驰骛人世，鼓动流俗，挟汤日而谓寒[37]，包溪壑而未足[38]，源不清而流浊，表不端而影曲[39]。嗟乎！胶漆谓坚，寒暑甚促，反利而成害，化荣而就辱，欣戚更来[40]，得丧仍续，至有身御魑魅，魂沉狴狱[41]。讵非足力不强，迷在当局？孰可谓车戒前倾，人师先觉[42]？闻诸君子，雅道之士。游遨经术[43]，厌饫文史[44]，笔有奇锋，谈有胜理，孝悌之至[45]，神明通矣。审道而行，量路而止，自我及物，先人后己。情无系于荣悴[46]，心靡滞于愠喜[47]。不养望于邱壑[48]，不待价于城市[49]。言行相顾，慎终犹始[50]。有一于斯[51]，郁为羽仪[52]，恪居展事[53]，知无不为，或左或右，则髦士攸宜[54]。无悔无吝[55]，故高而不危。异乎勇进忘退，苟得患失。射千金之产[56]，邀万钟之秩[57]，投烈风之门[58]，趋炎火之室[59]。载蹶而坠其贻宴[60]，或蹲乃丧其贞吉[61]，可不畏欤？可不戒欤？门有倚祸[62]，事不可不密；墙有伏寇，言不可而失。宜谛其言[63]，宜端其行。言之不善，行之不正，鬼执强梁[64]，人囚径廷[65]。幽夺其魄[66]，明夭其命[67]。不服非法[68]，不行非道。公鼎为己信[69]，私玉非身宝。过缁为绀[70]，逾蓝作青。持绳视直，置水观平。时然后取，未若无欲。知止知足，庶免于辱。是以为必察其几[71]，举必慎于微。知几虑微，斯亡则稀。既察且慎[72]，福禄攸归[73]。昔蘧瑗识四十九非[74]，颜子几三月不违[75]。跬步无已[76]，至于千里；覆一篑进[77]，及于万仞[78]。故云行远自迩[79]，登高自卑。可大可久，与世推移。月满如规，后夜则亏；槿荣于枝[80]，望暮而萎。夫奚益而非损[81]，孰有损而不害？益不欲多，利不欲大。唯居德者畏其甚，体真者惧其大[82]。道尊则群谤集，任重而众怨会。其达也，则尼父栖遑[83]；其忠也，而周公狼狈[84]。无曰人之我狭[85]，在我不可而覆[86]；无曰人之我厚[87]，在我不可而咎[88]。如山之大，无不有也；如谷之虚，无不受也。能刚能柔，重可负也[89]；能信能顺[90]，险可走也；能知能愚[91]，期可久也。周庙之人，三缄其口[92]。漏卮在前[93]，欹器留后[94]。俾诸来裔[95]，传之座右。

注释

[1]戒厉：警戒勉励。厉通“励”。

[2]管子之书：传为春秋时管仲的著作，即《管子》。

[3]“任之重者”三句：出《管子·戒》篇。

[4]追而味之：回头仔细品味它们的意思。

[5]喟(kuì)然：叹气的样子。

[6]岳立：像山岳似的挺立。

[7]潜藏：内藏极多，故特稳重。

[8]山藏：山中所藏之物。

[9]趋负：背着快跑。

[10]浚：深。

[11]行歌而匪惕：边走边唱，毫无惧色。

[12]焦原：山名，在山东莒县，临万丈深渊。

[13]跻踵而不惊：迈开步登上去而毫不吃惊。

[14]九陔方集：飞跃九州而聚集。

[15]眇然：高远貌。　迅举：迅速腾飞。

[16]五纪：指岁、月、日、星辰、历数。　当定：当已确定。

[17]窅(yǎo)乎：窅然，深远貌。　上征：出发，谓踏上征程。

[18]任之：承担起来。

[19]乘危：登上高处。

[20]靡恤：没有忧惧。

[21]可必：必然能实现。

[22]独尔:单单如此。

[23]劳:忧劳,劳瘁。 死生之地:指人世间。

[24]共臻:一起来到。

[25]仍作:相继出现。仍,紧跟着。

[26]唯几唯哲:深明几微,非常聪颖。

[27]或:有时。 出:出仕。 处:不出仕。

[28]常其节:常常按照一个方式行事。

[29]济世成务:以周济世人为急务。

[30]椒兰:花椒与木兰,皆芳香植物,代指美好事物。 律吕:指音乐。

[31]无所先:没有哪一样可以先进先达。

[32]称(chèn)肉度骨:适宜的肌肉,符合度量的骨相,谓身姿优美。

[33]恶(wù)怨:厌恶和怨恨。 莫之前:没有哪一样可以近前。

[34]厚栋:粗壮的柱子。 挠:弯曲,折断。

[35]游刃:谓以刀解骨,刀刃在骨头的缝隙间自由活动。 砉(huā)然:象声词,形容肌肉与骨骼剥离的声音。

[36]金璞:金银与璞玉,指宝物。

[37]挟汤(yáng)日:傍着太阳。神话传说日:"日出于汤谷,浴于咸池,拂于扶桑,是谓晨明。"(见《淮南子·天文训》)

[38]包溪壑:包举山溪大壑,谓占有极广。

[39]表:测日影的木柱,古时天文仪器。 不端:不直,不正。

[40]欣戚:喜与悲。 更来:更相来到。

[41]狴(bì)狱:监狱。

[42]人师先觉:后人以先觉者为师。

[43]游遨经术:在经典中遨游。喻熟读经典。

[44]厌饫:完全吃饱,喻已经彻底领略了。

[45]孝悌(tì):对父母的孝顺,对兄长的敬爱。

[46]荣悴(cuì):兴衰。

[47]靡滞:不止于。 愠喜:愤怒与欢喜。

[48]养望:培养名望。 邱壑:丘陵和山沟,隐居之处。

[49]待价:待价而沽,谓抬高身价,等待聘请。

[50]慎终犹始:在事情结束时,认真谨慎与事情开始时一样,即始终如一。

[51]有一于斯:有一于此,上述各条有一条兑现。

[52]郁为羽仪:卓然成为仪表、典范。郁,特出貌。

[53]恪居展事:慎居而整具其事,即诚谨地居于家中办理事务。

[54]髦(máo)士攸宜:俊秀之士所宜。髦,俊;攸,所。

[55]悔、吝:过错。

[56]射……产:谋取财产。

[57]万钟之秩:报酬很丰厚的职位。钟,古代容量单位,一钟合六斛四斗。也有说八斛或十斛的。

[58]烈风之门:喻指权门。有大权者气焰张天,故以烈风喻之。

[59]炎火之室:红得发紫者之府第。

[60]载蹶:跌倒。载,语首助词,无实义。　坠其贻宴:失去安乐的生活。贻宴,通"贻燕",留给子孙的安乐生活。

[61]蹲:蹲踞也,谓不能直立。　丧其贞吉:丢失了好运道。

[62]倚祸:灾祸。语出《老子》之"祸兮福所倚"。

[63]谛(dì):详审。

[64]强梁:强横之人。

[65]径廷:偏激之人。

[66]幽:暗。　夺其魄:使之失魂落魄。

[67]明:谓白天。　天其命:上天明示其天命也。语出《尚书·大诰》:"绍天明即命。"

[68]不服:不行。

[69]信:诚信。

[70]缁(zī):黑色。　绀:青中带红色。

[71]察其几:考察几微,仔细研究事物初始的征兆。

[72]察且慎:明察而又谨慎。

[73]福禄:福泽与俸禄。　攸归:所归。

[74]蘧瑗:春秋时卫国人,为孔子弟子,年五十而知四十九之非。

[75]颜子:孔子的弟子颜回,字子渊,是孔子十分得意的门生。《论语》记载孔子表彰他顺从教导,"不违如愚",还说他"三月不违仁"。

[76]跬步:半步。　无已:不停。

[77]覆一篑:倾倒一筐土。

[78]及于万仞:可达到万丈之高。仞,古代量度单位,约合今7-8尺。

[79]自迩:从近处开始。

[80]槿:指木槿花,朝开暮落。

[81]奚:何。

[82]体真:凭依真理。　惧其大:害怕利大。

[83]达:通达。　尼父栖遑:孔子遭遇尴尬。

[84]周公狼狈:谓周公尽忠于成王,尽力摄政,却有人诬蔑其欲篡权,周公不得不出外躲避。

[85]我狭:认为我心胸狭窄。

[86]不可而覆:具有优势难以掩盖。

[87]我厚:对我好,说我有许多优长。

[88]不可而咎:难以指责。

[89]重可负:再重的东西也扛得起、背得动。

[90]信:同"伸"。

[91]知愚:智慧与愚蠢。

[92]缄口:闭口不言。《孔子家语》载,孔子观周,见太祖后稷之庙堂前有金人,三缄其口,而铭其背曰:"古之慎言人也。"

[93]漏卮(zhī):渗漏不止之酒器。卮,一种盛酒器。　在前:谓近在眼前,引为警戒。

[94]欹器:倾斜之器,盛满东西就会倾倒,告诫人们不能自满。　留后:谓放在身后,引为警芽。

[95]俾(bǐ)诸来裔:使后代子孙。裔,衣服的下摆,喻人之子孙。

新评

本文类似于座右铭，是告诫子侄辈应该注意的人生经验和教训。它先讲人生通常会遇到的种种不测，再讲子弟们应该注意的人生修养。谈修养，又分开层次，一项一项地谈讲，如说务需警觉、天命难违、要有度量、做事要适可而止，要一步一步来，名者公器，不可多取，态度应该有刚有柔，不可多言等等。第一部分是第二部分的铺垫，起到了说明原委的作用。谈讲人生修养部分，注意引用前人言行，如讲了蘧瑗、颜回、孟子、孔子等的经验言语等，甚至把古代名著（像《孔子家语》）中的典故也运用上了。这些都增强了文章的说服力。

与周处士书

王　褒

题解

王褒（?—577），是瑯邪临沂（今山东临沂）人，字子渊，少有重名，梁朝武帝以为秘书丞，梁元帝时拜侍中、左仆射。西魏攻陷江陵后，随元帝出降，至长安后被留北方，官车骑大将军，北周代西魏以后，为太子少保，迁少司空、宜州刺史等。周处士即周弘正之兄周弘让。弘正从陈朝到北周为使臣，北周皇帝允许通亲知音问，王褒因赠弘让诗并致此书，书中述说了自己思念故国的心情。所述与《周书·王褒传》所述“忘羁旅”完全不同。因而我们可以肯定，被强留北朝的王褒与庾信一样，有深切的乡关之思。

原文

嗣宗穷途[1]，杨朱岐路[2]，征蓬长逝[3]，流水不归。舒惨殊方[4]，炎凉异节，木皮春厚[5]，桂树冬荣[6]，想摄卫惟宜[7]，动静多豫[8]。贤兄入关[9]，敬承款曲[10]，犹依杜陵之水[11]，尚保池阳之田[12]，铲迹幽溪[13]，销声穷谷[14]，何其愉乐！幸甚幸甚！弟昔因多疾，亟览九仙之方[15]；晚涉世途，常怀五岳之举[16]。同夫关令，物色异人[17]；譬彼客卿，服膺高士[18]。上经说道[19]，屡听玄牝之谈[20]；中药养神，每禀丹砂之说[21]。

顷年事遒尽[22]，容发衰谢，芸其黄矣，零落无时[23]，还念生涯，繁忧总集。视阴愒日，犹赵孟之徂年[24]；负杖行吟，同刘琨之积惨[25]。河阳北临，空思巩县[26]；霸陵南望，还见长安[27]。所冀书生之魂[28]，来依旧壤；射声之鬼[29]，无恨他乡。白云在天[30]，长离别矣！会见之期，邈无日矣！援笔揽纸，龙钟横集[31]。

注释

[1]嗣宗:魏晋之际的著名文人阮籍,字嗣宗。 穷途:没有了道路。《晋书·阮籍传》:“时率意独驾,不由径路,车迹所穷,辄恸哭而返。”

[2]杨朱:战国时学者,其学问的核心是“为我”。 岐路:岔道。《列子·说符》尝讲一杨子邻人亡羊故事,说到“岐路”,谓“岐路之中,又有岐马”。

[3]征蓬:风卷而飞走的蓬草,比喻行人。

[4]舒惨:舒畅与惨苦,喻愉快与愁苦。 殊方:犹言“异域”。

[5]木皮春厚:谓气候寒冷。前人有“木皮三寸,冰厚六尺”语。

[6]桂树冬荣:桂树在冬天长得茂盛。

[7]摄卫:摄生卫体,犹今言“保养身体”。

[8]多豫:多所快乐。

[9]贤兄:指周弘正。 关:指潼关,周弘正自陈聘周。

[10]款曲:犹言“衷情”,此句谓弘正兄转达了您的问候。

[11]杜陵:地名,在今陕西长安县东南。

[12]池阳:地名,在今陕西泾阳县西北。

[13]铲迹:去掉痕迹。 幽溪:幽深的溪涧。此句谓隐居。

[14]销声:同上句之“铲迹”。 穷谷:荒僻的山谷。

[15]亟(qì):屡次。 九仙之方:即伯阳九仙法。九仙,九类仙人,指上仙、高仙、火仙、云仙、天仙、真仙、神仙、灵仙、至仙。

[16]五岳之举:游历五岳名山。后汉向长隐居不仕,与同好俱游五岳名山,“不知所终”。五岳,东岳泰山、西岳华山、北岳恒山、中岳崧山,南岳衡山。

[17]关令:尹喜,因为函谷关之长官,故称“令”,犹人称县宰为“县令”。 异人:指老子。老子西游,尹喜知有真人将过,“物色而遮之”,后与老子俱游流沙。

[18]服膺:衷心悦服。

[19]上经:指老子《道德经》。

[20]玄牝之谈:《老子》第六章:“谷神不死,是谓玄牝。玄牝之门,是谓天地之根。”

[21]禀:受。 丹砂:可以服食的矿物。《本草经》:“丹砂久服通神明,不老。”

[22]遒尽:迫尽。将要完结。

[23]“芸其”二句:语出《诗经·小雅·裳裳者华》。芸黄,盛;零落,凋零坠落。

[24]视阴愒日:看了树阴而贪图时日。阴,同荫;愒(kài),贪。 赵孟之徂年:赵孟将要离去。徂(cú),往;年,岁。

[25]刘琨:西晋末年人,时为并州刺使,驻晋阳(今山西太原),为恢复司马氏的政权转战不已,后为鲜卑人段匹磾所杀。他在《与卢谌书》中说:“负杖行吟,则百忧俱至。” 积惨:积痛。

[26]河阳:河内郡县名。 巩县:河南郡县名。

[27]霸陵:汉文帝坟陵,在今西安市郊。王粲《七哀诗》有“南登霸陵岸,回首望长安”句,喻自己实挂念故国。

[28]书生之魂:后汉王忳到京师时遇一书生疾困,悯之。书生将死,留十斤金与王忳,求死后能藏其骸骨。王忳为其营葬,并将遗金置其棺下。

[29]射声之鬼:后汉曹褒为射声校尉,射声有未葬之人多名,曹为赁空地葬之。二句谓作者生死都恋念故

乡。

[30]白云在天:《穆天子传》中西王母与穆天子告别之词,后以《白云歌》寄托情好惜别之意。

[31]龙钟:泪落沾濡貌。蔡邕《琴操下》:“空山歔欷,涕龙钟兮。” 横集:汇聚在一起。

新评

本篇是王褒在北周时给梁处士周弘让的信。因为周弘让的弟弟周弘正作为陈朝使节到北周聘问,王褒于是托他带给其兄弘让一信,信中表述了自己被留异国,实出不得已的感慨和生死思念故国的心曲。这与《周书·王褒传》所说的“忘其羁旅”大不相同。

信分两部分:第一部分从感谢对方的问候说到自己的状况,表述了希求远游的愿望。第二部分由年事衰迈说起,讲到自己时时怀念故国,希望生依“旧壤”,死葬家乡的愿望。总之是不想在别朝为官,抒发了飘泊异域的感慨。

信写得感情真挚深厚,语言优美动人,虽为骈体,但写得自然流畅,通篇并没有为骈对而骈对的痕迹。

小园赋

庾　信

题解

庾信(513—581),是南北朝著名的骈文大家。他字子山,南阳新野(今河南新野县)人。他先仕于梁朝,后出使西魏,被强留北方,历仕西魏和北周。因官至开府仪同三司,所以世称庾开府。在梁时,他与徐陵同为著名的宫体诗赋作家,时称“徐庾体”。晚年作品风格大变,萧瑟苍凉成了主调。有深刻的故国之思和对社会战乱的反映。《小园赋》即是这样的作品。

原文

若夫一枝之上[1],巢父得安巢之所[2];一壶之中,壶公有容身之地[3]。况乎管宁藜床[4],虽穿而可坐[5];嵇康锻灶[6],既暖而堪眠[7]。岂必连闼洞房[8],南阳樊重之第[9];绿墀青琐[10],西汉王根之宅[11]。余有数亩敝庐[12],寂寞人外[13],聊以拟伏腊[14],聊以避风霜。虽复晏婴近市[15],不求朝夕之利[16];潘岳面城[17],且适闲居之乐。况乃黄鹤戒露[18],非有意于轮轩[19];爰居避风[20],本无情于钟鼓[21]。陆机则兄弟同居[22],韩康则舅甥不别[23]。蜗角蚊睫[24],又足相容者也。

尔乃窟室徘徊[25],聊同凿坏[26]。桐间露落,柳下风来。琴号珠柱[27],书名《玉杯》[28]。有棠梨而无馆[29],足酸枣而非台[30]。犹得敧侧八九丈[31],纵横数十步,榆树三两行，梨桃百余树。拨蒙密兮见窗[32]，行敧斜兮得路。蝉有翳兮不惊[33]，雉无罗兮何惧[34]！草树混淆[35]，枝格相交[36]。山为篑覆[37]，地有堂坳[38]。藏狸并窟[39]，乳鹊重巢[40]。连珠细茵[41]，长柄寒匏[42]。可以疗饥[43]，可以栖迟[44]。敧区兮狭室[45]，穿漏兮茅茨[46]。檐直倚而妨帽[47]，户平行而碍眉[48]。坐帐无鹤[49]，支床有龟[50]。鸟多闲暇，花随四时。心则历陵枯木[51]，发则睢阳乱丝[52]。非夏日而可畏[53]，异秋天而可悲[54]。

一寸二寸之鱼，三竿两竿之竹。云气荫于丛蓍[55]，金精养于秋菊[56]。枣酸梨酢[57]，桃榹李薁[58]。落叶半床，狂花满屋[59]。名为野人之家[60]，是谓愚公之谷[61]。试偃息于茂林[62]，乃久羡于抽簪[63]。虽有门而长闭[64]，实无水而恒沉[65]。三春负锄相识[66]，五月披裘见寻[67]。问葛洪之药性[68]，访京房之卜林[69]。草无忘忧之意[70]，花无长乐之心[71]。鸟何事而逐酒[72]？鱼何情而听琴[73]？

加以寒暑异令[74]，乖违德性[75]。崔骃以不乐损年[76]，吴质以长愁养病[77]。镇宅神以薶石[78]，厌山精而照镜[79]。屡动庄舄之吟[80]，几行魏颗之命[81]。薄晚闲闺[82]，老幼相携[83]。蓬头王霸之子[84]，椎髻梁鸿之妻[85]。燋麦两瓮[86]，寒菜一畦[87]。风骚骚而树急[88]，天惨惨而云低[89]。聚空仓而雀噪[90]，惊懒妇而蝉嘶[91]。

昔草滥于吹嘘[92]，藉《文言》之庆余[93]。门有通德[94]，家承赐书[95]。或陪玄武之观[96]，时参凤凰之墟[97]。观受釐于宣室[98]，赋长杨于直庐[99]。

遂乃山崩川竭[100]，冰碎瓦裂[101]，大盗潜移[102]，长离永灭[103]。摧直辔于三危[104]，碎平途于九折[105]。荆轲有寒水之悲[106]，苏武有秋风之别[107]。关山则风月凄怆[108]，陇水则肝肠断绝[109]。龟言此地之寒[110]，鹤讶今年之雪[111]。百龄兮倏忽[112]，光华兮已晚[113]。不雪雁门之踦[114]，先念鸿陆之远[115]。非淮海兮可变[116]，非金丹兮能转[117]。不暴骨于龙门[118]，终低头于马坂[119]。谅天造兮昧昧[120]，嗟生民兮浑浑[121]。

注释

[1]若夫：至于。

[2]巢父：尧时的隐士，或说即许由。传他年老时以树为巢而寝卧其上，故称。

[3]壶公：东汉时的道士，俗名谢元。《神仙传》载，壶公在市中卖药，座旁悬一铜壶，太阳落山后他就跳入壶中休息。

[4]管宁：三国时，魏国北海朱虚(今山东临朐东南)人，隐居不仕。 藜床：管宁所坐的铺有藜草的木凳。由于坐了五十多年，凳上双膝接触处都洞穿了。

[5]穿：穿透。

[6]嵇康：魏晋之际人，喜爱打铁。 锻灶：打铁的炉灶。

[7]堪眠：可以睡觉。

[8]连闼(tà)：门户相连。 洞房：一屋与另一屋相通。

[9]南阳：地名，在今河南唐河县西南。 樊重：后汉光武帝刘秀的舅父。 第：府第，宅邸。樊重家富有田产，甲第连亘。

[10]绿墀青琐：用绿漆涂饰的台阶和用青色涂饰的连环状雕刻图案的宫门。

[11]王根：西汉人，受封为曲阳侯。居屋多拟宫廷式样，生活十分骄奢。

[12]敝庐：破房子。

[13]寂寞人外：清寂地住在人烟稀少的地方。

[14]拟伏腊：模拟他人祭祀夏日与冬日之神。

[15]晏婴近市：春秋时齐大夫晏婴居住在闹市附近，齐景公欲为调换清静居所，晏推辞不受，谓住在闹市购物方便。

[16]朝夕之利：早晚之间十分方便。

[17]潘岳：西晋文学家。　面城：面向城市居住。

[18]黄鹤戒露：《风土记》曰：鹤性机警，群宿时必有一二戒卫者。八月霜露降落，露滴草上作声，戒卫之鹤即高鸣示警，让群鹤移往安全之地。

[19]非有意轮轩：无意于做官享受豪华的待遇。轮轩，古时大夫乘坐的车子。

[20]爰居：海鸟名。《国语·鲁语》载，爰居飞至鲁之东门外，长久不去，人或云应祭祀之。展禽谓不必，认为是海上有风，爰居为避风而来。

[21]钟鼓：祭祀所用的乐器，祭祀必由高官主持。

[22]陆机：西晋文学家，其弟陆云，亦同时文学家。东吴灭亡以后，兄弟同赴洛阳，同住三间瓦舍。

[23]韩康：指韩康伯，东晋人，其舅殷浩遭贬洛阳，康伯随其同往。后康伯回建业，殷浩泣别，赋诗洒泪。

[24]蜗角、蚊睫：喻自己的居所极小。

[25]窟室：地下垒土所成的洞室。

[26]凿坏(péi)：凿穿后墙。此处用《淮南子》所载颜阖之典。鲁君欲聘颜阖为相，阖乃凿开后墙逃走。

[27]珠柱：用珠宝装饰的系弦短轴，此处代指良琴。

[28]玉杯：汉代董仲舒所著阐说《春秋》的文章。

[29]棠梨：树名。又用作馆名，在西汉甘泉宫内。

[30]酸枣：有刺灌木名，又用作县名，城在今河南延津县北。二句谓但有棠梨酸枣，却无楼馆台榭。

[31]犹得：还占有。　侧敧：不正。谓小园地形倾斜。

[32]蒙密：树叶茂盛之状。

[33]翳：遮蔽，指蝉可被树叶遮覆。

[34]雉(zhì)：野鸡。　罗：捕鸟的网。

[35]混淆：杂生。

[36]格：长的枝条。

[37]篑(kuì)：盛土的竹筐。　覆：指倾倒。

[38]堂坳(ào)：堂前的水洼。

[39]狸(lí)：野猫。

[40]乳鹊：喂捕幼子的鹊鸟。　重巢：巢穴重叠。

[41]连珠细茵：连珠般丛生的细草，如同铺地的席茵。

[42]寒匏(páo)：清冷的葫芦。

[43]疗饥：止饿。

[44]栖迟：停歇。

[45]䖇区：同"崎岖"，形容室内高低不平。

[46]穿漏：屋顶洞穿、漏水。

[47]直倚：直着身体倚门而立。　妨帽：有碍于头上的帽子。

[48]平行:不弯身行走。　碍眉:门框触上眉毛。

[49]坐帐无鹤:《神仙传》载,三国吴时,吴人介象有仙术,后受招至武昌。卒后,吴王为其立庙。但介象凭仙术复活,回到建邺(今南京)。后常有白鹤飞至武昌介象庙中久久徘徊。

[50]支床有龟:《史记·龟策列传》载,南方某人以龟支床二十年,老人卒后,床移,龟尚活着。此句谓自己受拘限,并不自由。

[51]历陵:县名,在今江西九江市东。　枯木:枯死的树。豫章郡树生庭中,尝中枯,后复茂盛。

[52]睢阳乱丝:墨子的头发由黑变白,且十分脏乱。墨子生活在睢阳,固借地名指墨子。

[53]"非夏日"句:《左传·文公七年》载,有人问贾季曰:赵衰、赵盾孰更强。贾季答曰:赵盾如夏日之阳,而赵衰如冬日之阳。

[54]"异秋天"句:古人认为秋日悲伤,故古诗赋中多有悲秋之作。"异秋天"即非秋天,但亦可悲。谓自己常陷悲哀之中。

[55]荫(yìn):遮覆。　丛蓍(shī):丛生的蓍草,传蓍草丛生处,上常有青云覆盖。

[56]金精:秋菊的精华。古代以五行配四季,秋属金,而菊花盛开在秋季。

[57]酢(cù):"醋"的古字,此指酸味。

[58]榹(sī):山桃。　薁(yù):山李。

[59]狂花:四处乱飞的花瓣。

[60]野人:乡野之人,指隐士。

[61]愚公之谷:指隐居之所。

[62]偃息:躺着休息。

[63]抽簪:抽去发簪,使头发披散。指弃官不仕。

[64]"虽有门"句:指无心与世人往来。

[65]无水恒沉:《庄子·则阳》:"方且与世违,而心不屑与之俱,是陆沉者也。"

[66]三春:春季之三个月。　负锄:扛着锄头。

[67]五月披裘:夏天穿皮袄,指隐士的行为。　见寻:被寻找。

[68]葛洪:东晋医学家、丹术家,号"抱朴子"。

[69]京房:西汉时的《周易》专家,长于验占灾异。　卜林:诸多占卜之事。京有《周易守林》著作。

[70]忘忧草:指萱草。此句谓草无所谓忘忧与否。

[71]长乐花:指紫花。

[72]"鸟何事"句:《庄子·至乐》载,海鸟至于鲁郊,鲁侯在庙中设太牢奏乐而款待,但鸟既不吃肉,亦不喝酒,三天死去。

[73]"鱼何情"句:《荀子·劝学》曰:"昔者瓠巴鼓瑟而流鱼出听。"以上二句谓自己被留北方,像叫鱼鸟听琴饮酒一样使人伤悲。

[74]异令:节令不同。

[75]乖违:违背。

[76]崔骃:东汉文学家,曾为窦宪属官,窦骄恣,骃屡谏无效,反遭贬斥,骃乃郁郁而死。

[77]吴质:三国曹魏文学家,建安二年疫病流行,朋友多染疾卒,质不乐抱病。

[78]薶石:同"埋石",古人认为,十二月在住宅四周埋石可以驱邪防疫。

[79]厌山精:同"压山精",即镇压山间精怪。　照镜:用镜子照,可见精怪原形。以上几句谓自己心情忧郁,神思恍惚,怕有妖邪。

[80]屡动:多次感发。　庄舄之吟:越国人庄舄在楚国做官,病中思念故乡,仍然发出越国的语言。

[81]几行：几乎发生。魏颗之命：据《左传·宣公十五年》载，魏武子有宠妾而不孕，武子病重时命儿子魏颗将她嫁给别人，临死前又命儿子将其殉葬。武子卒后，魏颗将她改嫁了，人问其故，回说听父亲神志清醒时的嘱咐，而不听其神志昏聩时的安排。此二句谓自己思念故乡，几乎到了昏昧的地步。

[82]薄晚：傍晚。 闲闺：使房子空闲。

[83]老幼相携：谓作者带着妻孥外出消遣，以减缓故国之思。

[84]王霸之子：王霸的儿子蓬头垢面，他见友人令狐子伯之子举止文雅，又有车马，深感惭愧，妻子却要他保持高洁，不慕荣利。后王霸全家隐遁。

[85]椎髻：椎形发髻。 梁鸿之妻：孟光。孟光嫁梁鸿后，改穿布衣，挽椎形发髻，梁鸿于是与之好合。

[86]燋麦：干麦。

[87]畦(qí)：田间为浇水方便分成的小区。

[88]骚骚：风声。

[89]惨惨：昏暗无光貌。

[90]雀噪：鸟雀鸣叫。

[91]懒妇：蟋蟀的别名。

[92]昔：往日，指在梁时。 草：草莽细贱之人。 滥：不真实。 吹嘘：指吹竽。《韩非子·内储说上》载，齐宣王喜欢听竽，吹竽者三百多人。南郭处士不会吹，混在人群中充数。

[93]藉：凭借。 《文言》之庆余：《周易·乾卦·文言》曰："积善之家，必有余庆。"意为先世之功德，必然惠及子孙。庾在此谓自己在梁时，凭借父亲(庾肩吾)的声名，获得恩宠。

[94]门有通德：东汉时，孔融敬重郑玄，为之特立一乡，乡之门曰"通德门"。此谓作者祖父庾易在齐朝时不肯出仕，名望广大。

[95]家承赐书：家中藏有皇家所赐的书籍。

[96]或：有时。 陪：陪同皇帝。 玄武之观(guàn)：名叫玄武的楼观。

[97]参：参与，进入。 凤凰之墟：名叫凤凰的集市。

[98]观受釐(xī)：参观祭祀后分给大臣肉食的典礼。 宣室：汉未央宫前的正室，后指帝王所居的正室。

[99]赋长杨：汉代杨雄曾作《长杨赋》。长杨为汉代宫殿名。 直庐：臣子朝见帝王时值宿休息的房舍。

[100]山崩川竭：山塌陷、河干涸，为亡国征兆，此指侯景之乱。

[101]冰碎瓦裂：喻指国家遭乱后的残破景象。

[102]大盗：指侯景。 潜移：指篡位。

[103]长离：星宿名，即"长丽"，是南方七宿的总称，代指南朝的梁朝。

[104]摧：折断。 直辔：驱马驰骋。 三危：山名，一说在今甘肃敦煌，山势陡峭。

[105]平途：平坦之路。 九折：坂名，在今四川邛崃山，曲折多险。以上二句谓自己生活平静，不料遭世变故，国家败亡。

[106]荆轲：战国时刺客。 寒水之悲：荆轲为燕太子丹刺杀秦始皇时，众人送别于易水之上，荆轲作歌曰："风萧萧兮易水寒，壮士一去兮不复还！"

[107]苏武：汉武帝时大臣，出使匈奴，被扣留十九年。临归国时，传降将李陵赠与诗篇，云："欲因晨风发，送子以贱躯。"

[108]关山：古乐府有《关山月》，主要写离别之情。 凄怆(chuàng)：悲凄怆恻。

[109]陇水：古乐府有《陇头水》，主要写羁旅者思念家乡的痛苦心情。

[110]"龟言"句：据《水经注》引《奉书》曰，前秦苻坚时，有人凿井得一龟，龟死后用其甲占卜，名为"客龟"。有人梦大龟曰："我将归江南，不遇，死于秦。"此句谓作者担心像大龟那样客死异乡。

[111]“鹤讶”句:《异苑》载,太康二年冬,天寒大雪,有人见两只白鹤说:“今兹寒,不减尧崩年。”同年梁都江陵失陷,元帝被杀。此句谓梁元帝被西魏兵杀害,自己震惊悲痛。

[112]百龄:百岁,指人的一生。 倏(shū)忽:一刹那。

[113]光华:年华,岁月。

[114]雪:洗刷。 踦(jī):通“奇”,运气很差。《汉书·段会宗传》载,段曾为雁门太守,以故被免官,后又作都护。友人谷永以书诫之,勿再企求立功,只要早日调回即可。此句谓自己年事已高,很难再立功雪耻了。

[115]鸿陆之远:语出《周易·渐卦》之“鸿渐于陆,夫征不复”。谓自己被留北朝,难以归返。

[116]“非淮海”句:《国语·晋语九》:“雀入于海为蛤,雉入于淮为蜃,鼋鼍莫不能化,惟人不能,悲夫!’”

[117]“非金丹”句:不是服用金丹所能改变的。金丹,古代方术之士用黄金炼成的金液和用丹砂炼成的还丹,传说服食后可以长生不老。此连上句,谓自己的命运很难改变。

[118]“不暴(pù)骨”句:《三秦记》:“龙门山在河东界,禹凿山断门一里余……鱼登者化为龙,不登者立额暴腮而返。”

[119]“终低头”句:《战国策·楚策》曰:一老马拉盐车上太行山,累得浑身大汗也上不去,伯乐见此情景,不禁落泪。以上二句谓自己不能像欲登龙门的鱼立额暴腮而死节龙门,只能像上太行的千里马样那屈辱负重。

[120]谅:想来是。 天造:自然造化。 昧昧:昏暗不明。

[121]嗟:感叹的的声音。 生民:活在世上的人。 浑浑:浑沌蒙昧。末二句谓造化无法弄明,只能在浑浑噩噩中生活。

新评

本赋是庾信晚年羁留北方时怀念故国的作品,突出地抒发了他内心的忧郁与痛苦。全文分两部分:第一部分主讲自己居室和庭园的狭小以及在其中自得其乐的情形,表现了作者处处感受到压抑的烦恼和痛苦。第二部分抒写自己国破家亡、羁留北方的哀伤,表现了作者对南梁的深厚感情与对家乡的深刻怀念。全文最大的特点是几乎句句用典,但用典又能与叙事及抒情自然地融合在一起,表现了作者惊人的学养和高超的叙述与抒情技艺。

哀江南赋序

庾 信

题解

《哀江南赋》是庾信最杰出的作品,题目取自《楚辞·招魂》中的“魂兮归来哀江南”。抒写了作者在梁元帝所都的江陵被攻破、元帝被杀以后,自己羁留北朝的孤苦哀伤,也表现出了战乱中人民所受的苦难。《四库提要》中评其“集六朝大义,而导四杰之先路”,确是当之无愧的。赋序是一篇优秀的骈文,将个人的不幸放在国家乱亡的大背景下来表现,具有惊魂摄魄的力量。

【原文】

粤以戊辰之年[1]，建亥之月，大盗移国[2]，金陵瓦解[3]。余乃窜身荒谷[4]，公私涂炭[5]。华阳奔命，有去无归[6]。中兴道销，穷于甲戌[7]。三日哭于都亭[8]，三年囚于别馆[9]。天道周星，物极不反[10]。傅燮之但悲身世，无处求生[11]；袁安之每念王室，自然流涕[12]。昔桓君山之志事，杜元凯之平生，并有著书，咸能自序[13]。潘岳之文采，始述家风[14]；陆机之辞赋，先陈世德[15]。信年始二毛，即逢丧乱，藐是流离，至于暮齿[16]。《燕歌》远别，悲不自胜[17]；楚老相逢[18]，泣将何及[19]！畏南山之雨[20]，忽践秦庭[21]；让东海之滨[22]，遂餐周粟[23]。下亭漂泊[24]，高桥羁旅[25]。楚歌非取乐之方[26]，鲁酒无忘忧之用[27]。追为此赋，聊以记言[28]，不无危苦之辞，惟以悲哀为主[29]。

日暮途远[30]，人间何世！将军一去，大树飘零[31]；壮士不还，寒风萧瑟[32]。荆璧睨柱，受连城而见欺[33]；载书横阶，捧珠盘而不定[34]。钟仪君子，入就南冠之囚[35]；季孙行人，留守西河之馆[36]。申包胥之顿地，碎之以首[37]；蔡威公之泪尽，加之以血[38]。钓台移柳，非玉关之可望[39]；华亭鹤唳，岂河桥之可闻[40]！

孙策以天下为三分，众才一旅[41]；项籍用江东之子弟，人唯八千[42]。遂乃分裂山河，宰割天下[43]。有百万义师，一朝卷甲，芟夷斩伐，如草木焉[44]！江、淮无涯岸之阻，亭壁无藩篱之固。头会箕敛者，合从缔交；锄耰棘矜者，因利乘便[45]。将非江表王气，终于三百年乎[46]？是知并吞六合，不免轵道之灾[47]；混一车书，无救平阳之祸[48]。呜呼！山岳崩颓，既履危亡之运[49]；春秋迭代，必有去故之悲[50]。天意人事，可以凄怆伤心者矣！况复舟楫路穷，星汉非乘槎可上[51]；风飙道阻，蓬莱无可到之期[52]。穷者欲达其言，劳者须歌其事[53]。陆士衡闻而抚掌，是所甘心[54]；张平子见而陋之，固其宜矣[55]！

【注释】

[1]粤：发语助词，无实义。　以戊辰之年：在梁武帝太清二年。

[2]大盗移国：指侯景窃国篡权。

[3]金陵瓦解：建邺城被侯景攻破。

[4]窜身荒谷：逃匿至江陵。

[5]公私涂炭：公室与私门均如陷入泥涂炭火之中，谓均遭难了。

[6]华阳奔命：言从华阳出使西魏。华阳，指江陵，在华山之阳；奔命：奉皇帝之命奔走。　有去无归：谓庾信被西魏扣留。

[7]中兴道销：指梁元帝萧绎即位江陵，平侯景之乱，复国有望。　道销：希望消失。　穷于甲戌：甲戌年西魏攻下江陵，元帝投降，中兴之路顿又消失。

[8]“三日哭”句：《晋书·罗宪传》载，魏之伐蜀，宪守永安城，及刘禅降，乃率所部临于都亭三日。临，哭吊。

[9]“三年囚”句：《左传·昭公二十三年》：“晋人来讨，叔孙婼入晋，晋人执之……乃馆诸于箕。”箕。晋国

城邑,非晋都,故曰“馆”,亦别馆之义。

[10]天道周星:天理象周而复始之岁星。 物极不反:谓背离“物极必反”之常规,南朝的梁朝始终不能复兴。

[11]傅燮:东汉人,被叛将围攻,兵少粮尽,其子劝他弃郡归乡,他慨叹道:“世乱不能养浩然之气,食禄又欲避其难乎?吾行何之?必死于此。”于是战殁。

[12]袁安:东汉司徒,以天子幼弱,外戚专权,每朝会进见,及与公卿言国家之事,未尝不呜咽流涕。

[13]桓君山:东汉桓谭,著有《新论》十九篇。 杜元凯:西晋杜预,著有《春秋左氏经传集解》三十卷。 自序:杜预《自序》曰:“少而好学,在官则观于史治,在家则滋味典籍。”

[14]潘岳:西晋太康时诗人,早年作有《家风诗》。

[15]陆机:西晋文学家,曾著《祖德》、《述先》二赋。

[16]二毛:头发有两种颜色——白与黑。 藐是:如此孤弱。 暮齿:晚年。 丧乱:指侯景之乱,庾信时年三十六岁。

[17]燕歌:王褒所作《燕歌》,妙尽塞北苦寒之言。元帝及诸文士和之,而竞为凄切,及元帝降西魏,才验焉。

[18]楚老相逢:楚地人龚胜与龚合友善,世谓之“楚两龚”,王莽遣使徵胜,胜不忍事二姓(胜原为汉臣),绝食而死。庾信为楚人,为西魏、北周所逼,不异王莽之时,故引此事,深惭楚龚,伤其身事异姓。

[19]泣将何及:汉桓帝时党锢祸起,守外黄令陈留张升弃官归乡,路逢友人,相抱而泣。某老父趋而过之,言曰:“网罗高悬,去将安所?虽泣何及乎!”

[20]畏南山之雨:《列女传》载,陶答子贪图禄位,不修明节,其妻厌之,曰:“南山有玄豹,雾雨七日而不下食者,何也?欲以泽其毛而成文章,故藏而远害。”按,此取“藏而远害”之意。

[21]忽践秦庭:喻指自己出使西魏。

[22]“让东海”句:谓田常曾孙田和废齐康公,迁之于海上。喻北周、西魏禅代。“让”乃微词。

[23]遂餐周粟:此反用伯夷、叔齐不食周粟、饿死首阳之事,谓自己转任于西魏、北周。

[24]下亭漂泊:后汉时孔嵩被辟,之京师时,道宿下亭,盗窃其马。喻自己飘泊异域,处境危殆。

[25]高桥羁旅:后汉梁鸿适吴,依大家皋伯通,居庑下。高桥,在吴地阊门之内。此句谓自己寄迹他乡。

[26]“楚歌”句:刘邦欲立戚夫人子赵王如意为太子,不成,戚夫人涕泣。刘邦安慰她:“为我楚舞,吾为若楚歌。”引此典谓自己听到楚歌更引起乡关之思,故下云“非取乐之方。”

[27]“鲁酒”句:相传楚王会诸侯,鲁侯所献之酒味薄。

[28]记言:谓不全是“记事”,用以抒发感慨。

[29]以悲哀为主:此句出自嵇康《琴赋》:“则以悲哀为主。”谓国事可哀。

[30]日暮途远:谓途程尚远,而日已薄暮,难以达到目标。

[31]大树飘零:后汉冯异当诸将争功时,独倚大树之下,被称做“大树将军”。飘零,谓名存实亡。喻故国沦亡。

[32]寒风萧瑟:荆轲刺秦王离开燕国时,众人送至易水上,荆歌曰:“风萧萧兮易水寒,壮士一去兮不复返!”

[33]“受连城”句:赵惠文王得楚和氏璧,秦王写信给赵王,曰:“愿以十五城请易璧。”蔺相如奉璧入秦,秦王无意予城,蔺乃设计“完璧归赵”。 见欺:被欺骗。

[34]“捧珠盘”句:战国时赵相平原君与楚订立盟约联合抗秦,毛遂捧着珍珠装饰的盘子进给楚王,请楚王与平原君歃血。此句谓自己未能与西魏订立盟约。

[35]“入就南冠”句:春秋时楚人钟仪被晋国囚禁在军府,因他头戴南国之冠,故以“南冠”相称。他不忘故

国，所以当晋人要他弹琴时，他弹了南音，晋人因此称他为"君子"，并用隆礼待他，送他回国。此句谓自己像钟仪一样，不忘故国。

[36]"留守"句：季孙意如随鲁昭公参加平丘之盟，邾、曹等国告发鲁侵伐其地，晋侯便不让鲁君与盟，并扣押了季孙意如，把他留在西河（在今陕西东部），此句喻自己如季孙意如被北国扣留。

[37]"碎之以首"句：楚大夫申包胥至秦求救兵以打退入侵楚国的吴军，秦王为赋《无衣》，申乃"九顿首"而坐。此句谓自己出使西魏，做了许多艰苦的工作。

[38]"蔡威公"二句：春秋时，蔡威公已知国家将亡，闭门而泣，三日三夜，泪尽出血。此句谓自己在梁国灭亡时无比悲痛。

[39]"钓台"二句：钓台在武昌，玉关即玉门关，在甘肃，距离遥远，很难看见。

[40]"华亭"二句：华亭在上海松江，河桥在河南孟县，陆机被司马颖杀害时，叹曰："华亭鹤唳，岂可复闻乎？"此句谓自己很难回到故乡。

[41]孙策：三国时吴国孙坚之子，孙权之兄，《三国志·吴书·陆逊传》："昔桓王（孙策谥号）创业，兵不一旅，而开创大业。"

[42]项籍：即项羽，随其叔项梁起兵反秦，"举吴中兵，使人收下县，得精兵八千人"。

[43]宰割：喻分裂。

[44]芟夷：削平。

[45]锄耰棘矜：以农具为兵器。耰（yōu），碎土的农具；棘，同"戟"；矜，矛柄。

[46]江表：江外，长江以南地区。 王气：帝王的运气。 三百年：自孙权在江南称帝，历东晋、宋、齐、梁四朝，约三百年。

[47]轵道之灾：灭亡的灾祸。轵（zhǐ）道，秦子婴投降刘邦的地方。

[48]平阳之祸：皇帝被杀的灾难。平阳，地名，今山西临汾，是晋怀帝被刘聪杀死的地方，也是其子愍帝被刘曜杀死的地方。

[49]山岳崩颓：大山崩塌，喻王朝灭亡。 履：鞋子，喻指走上。

[50]春秋迭代：四季运行，互相代谢。

[51]星汉：指天河。 乘槎可上：坐着木筏可以到达。

[52]"风飙"二句：传说渤海中有三神山：蓬莱、方丈、瀛洲，春秋以来，帝王多遣人入海求之，"望之如云。及至，三神山乃居水下。临之，患且至；则风辄引船去，终莫能至云。"（见于《史记·秦始皇本纪》《正义》）飙，回风，旋风。

[53]"穷者"二句：《晋书·王隐传》："古人遭时以功达其道，不遇则以言达其才。"《公羊传·宣公十五年》何休注："劳者歌其事。"

[54]陆士衡：即陆机，他听说左思欲作《三都赋》，便"抚掌而笑……谈其成，当以覆酒瓮耳。"表示了蔑视的态度。

[55]张平子：即张衡，他曾写过《二京赋》等作。 陋之：以之为陋。二句谓自己的赋虽将见笑于大方之家，但也不肯放弃。

赏析

本序依次叙写了作者由金陵进驻江陵，出使西魏却被扣留的经过；写作《哀江南赋》的原由；又抚今追昔，抒发了自己极度悲愤的情怀；并回忆了梁朝的败亡、悲叹统治者的昏聩无能等。序文的特色是：一、感情真挚动人。作者把个人的不幸同国家、人民的危难联系在一起，抒情淋漓尽致；二、采用了记叙、议论与抒情相结合的手法。以情动人，以理服人，情深理明，感人至深。三、多用典故，但典实紧扣所叙之事与所抒之情，做到了出语有据而情事感人。四、语言刚健清新，气魄恢宏博大，风格苍凉悲壮。

颜氏家训·终制

颜之推

题解

颜之推（531—约590后），字介，琅邪（今山东临沂）人，是南北朝时期卓越的文学家。初仕南朝的梁朝，江陵被西魏攻陷后，他投奔北齐，官至黄门侍郎、平原太守。北齐灭亡后，他入北周，做了御史上士。到隋统一中国后，他又做了隋朝的太子学士。《颜氏家训》是他重要的著作，共有二十篇文章，其中的《终制》一篇价值最大，故选于此。

原文

死者，人之常分[1]，不可免也。吾年十九，值梁家丧乱[2]，其间与白刃为伍者，亦常数辈[3]；幸承馀福[4]，得至于今。古人云："五十不为夭[5]。"吾已六十馀，故心坦然，不以残年为念。先有风气之疾[6]，常疑奄然[7]，聊书素怀[8]，以为汝诫。

先君先夫人皆未还建邺旧山，旅葬江陵东郭[9]。承圣末[10]，已启求扬都，欲营迁厝[11]。蒙诏赐银百两，已于扬州小郊北地烧砖，便值本朝沦没[12]，流离如此，数十年间，绝于还望[13]。今虽混一，家道罄穷[14]，何由办此奉营资费？且扬都污毁，无复孑遗，还被下湿，未为得计[15]。自咎自责，贯心刻髓[16]。计吾兄弟，不当仕进；但以门衰，骨肉单弱，五服之内，傍无一人，播越他乡，无复资荫；使汝等沉沦厮役[17]，以为先世之耻；故靦冒人间[18]，不敢坠失。兼以北方政教严切，全无隐退者故也。

今年老疾侵，傥然奄忽[19]，岂求备礼乎[20]？一日放臂[21]，沐浴而已，不劳复魄，殓以常衣[22]。先夫人弃背之时，属世荒馑[23]，家涂空迫，兄弟幼弱，棺器率薄，藏内无砖[24]。吾当松棺二寸，衣帽已外，一不得自随，床上唯施七星板[25]；至如蜡弩牙、玉豚、锡人之属，并须停省[26]，粮罂明器，故不得营，碑志旒旐，弥在言外[27]。载以鳖甲车，衬土而下，平地无坟[28]；若惧拜扫不知兆域，当筑一堵低墙于左右前后，随为私记耳[29]。灵筵勿设枕几，朔望祥禫[30]，唯下白粥清水干枣，不得有酒肉饼果之祭。亲友来餟酹者[31]，一皆拒之。汝曹若违吾心，有加先妣，则陷父不孝，在汝安乎[32]？其内典功德[33]，随力所至，勿刳竭生资，使冻馁也[34]。四时祭祀，周、孔所教，欲人勿死其亲，不忘孝道也。求诸内典，则无益焉。杀生为之，翻增罪累。若报罔极之德，霜露之悲，有时斋供，及七月半盂兰盆，望于汝也[35]。

孔子之葬亲也，云：“古者，墓而不坟。丘东西南北之人也，不可以弗识也[36]。”于是封之崇四尺[37]。然则君子应世行道，亦有不守坟墓之时，况为事际所逼也[38]！吾今羁旅，身若浮云，竟未知何乡是吾葬地；唯当气绝便埋之耳。汝曹宜以传业扬名为务，不可顾恋朽壤[39]，以取堙没也[40]。

注释

[1]常分：命中注定的必然归宿。

[2]梁家丧乱：南朝的梁朝被西魏灭亡。

[3]与白刃为伍：与雪白的战刀在一起，喻指经历战乱。 数辈：多次。

[4]承馀福：受了多馀的福泽。

[5]夭：年少而死。

[6]风气：中医学上一种病的名称。

[7]奄然：突然死去。

[8]书素怀：留下遗嘱，即写下平素的思想。

[9]旅葬：葬于他乡，而非葬于故里。 江陵：地名，在今湖北省，是南梁的临时都城，梁元帝称制于此，并死于此地。 郭：郊野。

[10]承圣：梁元帝的年号(552—554)，历三年。

[11]扬都：扬州。 迁厝：迁葬。

[12]本朝沦没：南梁灭亡。

[13]绝：断绝。 还望：归返故乡的希望。

[14]混一：统一，指隋统一了全国。 罄穷：财物费用花尽，十分穷困。

[15]孑(jié)遗：遗留下的少数人。 被下湿：受下湿之害。

[16]咎(jiù)责：悔罪。 贯心刻髓：刻骨铭心。

[17]沉沦厮役：陷入奴仆。

[18]靦(tiǎn)冒：惭愧冒昧。

[19]傥然奄忽：假如突然去世。

[20]备礼：周全之礼。

[21]放臂：放手，指死去。

[22]复魄：招魂。 殓(liàn)：给死人穿衣。

[23]属(zhǔ)：适逢，恰好遇上。 荒馑：饥荒。

[24]家涂：家道。 空迫：空无一物，十分窘迫。 率(shuài)薄：节约，简单。

[25]七星板：一种垫在棺材底部的木板。

[26]蜡弩牙、玉豚、锡人：均为陪葬品。

[27]粮罂：给死者装粮食的瓮一类的贮存器皿。 旒旐(liúzhào)：出丧时为棺柩引路的旗，即魂幡。 弥：更。

[28]鳖甲车：一种简便的车子。 坟：土堆。

[29]兆域：墓地四周的疆界。

[30]朔望祥禫(dàn)：每月初一、十五以及祥禫丧祭。父母死后十三个月的祭祀称为小祥，二十五个月的

祭祀称为大祥。除丧服之祭祀称为禫。

[31]餟酹(chuòlèi):以酒洒地的祭奠。

[32]有加先妣:比死去的母亲还要隆重。

[33]内典功德:念佛诵经超度亡灵之事。

[34]刳竭:耗费。 冻馁:挨冻受饿。

[35]罔极:无边。 盂兰盆:佛家祭鬼的节令,每年夏历七月十五日。

[36]丘:孔丘自称。 东西南北:谓漂泊不定。 弗识(zhì):不留标记。

[37]崇:高。

[38]事际所逼:为时事遭际所逼迫。

[39]汝曹:你们。 朽壤:坟墓,死骨。

[40]堙(yān)没:埋没。

新评

本文通过安排遗嘱的方式,表现了作者对死亡的达观态度,对父母旅葬他乡的遗憾。在艺术表现方面的优点是:其一,引文平实,力戒浮华,做到了平而不流于凡庸,实而多异于世俗。在南朝浮华、北朝朴野的行文氛围中,能保持此种风气,自成一家之言。其二,力戒空泛,最重具体。立遗嘱,很容易只讲一些原则而不及具体事务。作者却桩桩件件作了详细安排,如不许招魂,不许使用随葬物,不许树碑立传,不许用酒肉致祭,不许亲友祭奠,不许堆立坟茔等等。这样写来,就显得十分充实了。

上隋文帝革文华书

李谔

题解

李谔,隋代赵郡(郡治今河北高邑县西南)人。历仕北齐、北周、隋三朝。隋文帝时任治书侍御史、通州刺史。公正明达,多所谏诤。

中国古代文学发展到隋代,是由追求丽美骈对回归于平实章句的转折时期。隋文帝反对六朝文风的不切实用,因采取政令手段革除旧习。李谔适应时代要求,期望有一个自上而下的改革,但他们都把这种改革看得简单了,以为通过政治命令即可奏效,实际上并不能彻底解决问题。本篇即是李谔给隋文帝杨坚的上书,他要求改革骈体,而文章仍用骈体写作,这也说明文风的形成与改变自有其内在的规律,不能用行政命令简单解决。

原文

臣闻古先哲王之化民也[1],必变其视听,防其嗜欲,塞其邪放之心[2],示以淳和之路[3]。五教六行[4]，为训民之本；《诗》《书》《礼》《易》，为道义之门。故能家复孝慈[5]，人知礼让。正俗调风，莫大于此。其有上书献赋，制诔镌铭，皆以褒德序贤，明勋证理[6]。苟非惩劝，义不徒然。

降及后代，风教渐落[7]。魏之三祖[8]，更尚文词，忽君人之大道，好雕虫之小艺[9]。下之从上，有同影响[10]，竞骋文华，遂成风俗。江左齐、梁，其弊弥甚，贵贱贤愚，唯务吟咏。遂复遗理存异，寻虚逐微[11]，竞一韵之奇，争一字之巧。连篇累牍，不出月露之形；积案盈箱，唯是风云之状。世俗以此相高，朝廷据兹擢士[12]。禄利之路既开，爱尚之情愈笃。于是闾里童昏，贵游总丱[13]，未窥六甲[14]，先制五言。至如羲皇、舜、禹之典[15]，伊、傅、周、孔之说[16]，不复关心，何尝入耳？以傲诞为清虚，以缘情为勋绩[17]，指儒素为古拙[18]，用词赋为君子。故文笔日繁，其政日乱。良由弃大圣之轨模，构无用以为用也[19]。损本逐末，流遍华壤[20]，递相师祖，久而愈扇[21]。

及大隋受命，圣道聿兴[22]。屏黜轻浮[23]，遏止华伪。自非怀经抱质[24]，志道依仁，不得引预搢绅，参厕缨冕[25]。开皇四年普诏天下[26]：公私文翰，并宜实录。其年九月，泗州刺史司马幼之文表华艳，付所司治罪。自是公卿大臣，咸知正路，莫不钻仰坟索[27]，弃绝华绮。择先王之令典，行大道于兹世。如闻外州远县，仍踵敝风，选吏举人，未遵典则。至有宗党称孝，乡曲归仁，学必典谟，交不苟合，则摈落私门[28]，不加收齿；其学不稽古，逐俗随时，作轻薄之篇章，结朋党而求誉，则选充吏职，举送天朝。盖由县令刺史，未行风教，犹挟私情，不存公道。臣既忝宪司[29]，职当纠察。若闻风即劾[30]，恐挂网者多[31]。请勒有司[32]，普加搜访，有如此者，具状送台[33]。

注释

[1]古先哲王：古代先贤与聪明的帝王。　化民：教化民众。

[2]邪放：淫邪放荡。

[3]淳和之路：淳朴温和的方式。

[4]五教：五伦之教，即父义、母慈、兄友、弟恭、子孝。　六行：孝、友、睦、姻、任、恤。一说为仁、义、礼、智、信、乐。

[5]家复孝慈：家家归返于子孝父慈。

[6]褒德序贤：颂扬德行，叙述贤人的言行。　明勋证理：表彰功勋，论证大道。

[7]渐落：逐渐衰落。

[8]魏三祖：曹魏的三代君王，指魏武帝曹操、文帝曹丕、明帝曹叡。

[9]雕虫小艺：雕琢虫书的小技艺。指进行诗赋创作。

[10]影响：影子与回声。

[11]遗理存异：丢弃了儒家大道而保留了相反的思想理论。　寻虚逐微：寻求虚末而追逐微小。即寻求和追逐浮华的词藻和微末的声律。

[12]据兹擢士：据此选拔士子。擢(zhuó)，选拔，提拔。

[13]闾里童昏：乡村里蒙昧无知的小儿。　贵游总丱(guàn)：贵族子弟。总，束发；丱，古时儿童束发成两角的样子。

[14]六甲：指甲子、甲寅、甲辰、甲午、甲申、甲戌。代指干支。

[15]羲皇、舜、禹：伏羲氏、大舜和大禹。

[16]伊、傅、周、孔：伊尹、傅说(yuè)、周公、孔子。

[17]缘情：因情而发，指诗歌创作。陆机《文赋》曰："诗缘情而绮靡。"

[18]儒素：儒家的学术，即经学。

[19]轨模：轨迹与模范。　构无用：制造许多无用的东西。

[20]流遍华壤：流到华夏的每一处。

[21]愈扇：同"愈煽"，风气更甚。

[22]聿兴：兴盛起来。聿，助词，无义。

[23]屏黜：去除与废弃。

[24]怀经抱质：怀抱儒经与质朴。

[25]引预搢绅：引荐参与到搢绅行列之中。引，荐；预，参与；搢绅，把笏板插在大带之内，是古代仕宦者的代称。　参厕缨冕：参加杂厕在戴冠冕者的行列中。厕，居于其内；缨，系冠的丝带；冕，指一种冠，是大官的礼帽。

[26]开皇：隋文帝杨坚的年号(581－600)。

[27]坟索：三坟、五典、八索、九丘之总称，泛指古代典籍。

[28]私门：权门。

[29]收齿：收录。忝宪司：不称其职地充当法纪之官。时李谔为治书侍御史。

[30]闻风即劾：听到一点消息就进行弹劾。

[31]挂网：指触犯刑律。

[32]勒有司：命令负责部门。

[33]具状送台：说明情况移送御史台处理。

析评

本文是写给皇帝的"上书"，故而政策性和现实指导性较强。文章先从古今文学发展中谈了事实，又引出皇帝的诏命和此前的典型案例，然后才谈自己的意见。这就使意见有了确凿的事实依据，又有了不可更易的政策准则，避免了"空穴来风"之类的指责。可惜作者对文风改变的认识尚不精到，故而效果并不理想。由于时代风尚一时难以矫正，文风的丕变是有唐以后的事情。这从作者反对骈体文却仍用骈体写作即可看出。

图书在版编目（CIP）数据

汉魏六朝小赋骈文选／康金声注析．—太原：三晋出版社，2008.10（2012.9 重印）
（中国家庭基本藏书·综合选集卷）
ISBN 978-7-80598-899-3

Ⅰ.汉… Ⅱ.康… Ⅲ.①赋-作品集-中国-汉代~六朝时代②骈文-作品集-中国-汉代~六朝时代 Ⅳ.I 222

中国版本图书馆 CIP 数据核字（2008）第 159154 号

汉魏六朝小赋骈文选

注 析 者： 康金声

责任编辑： 朱慧峰　　**审 订 者：** 陈霞村
封面设计： 敬人工作室　　**版式设计：** 敬人工作室
责任校对： 朱慧峰　　**责任印制：** 李佳音

出版发行： 山西出版传媒集团·三晋出版社（原山西古籍出版社）
地　　址： 太原市建设南路 21 号
电　　话：（0351）4956036（咨询）　　4922268（邮购）
传　　真：（0351）4922102
网　　址： http://sjs.sxpmg.com
邮　　编： 030012
E - mail： sj@sxpmg.com

印刷装订： 山西出版传媒集团·山西新华印业有限公司
（本书如有破损、缺页、装订错误，请与承印厂联系调换　0351-4120948）

开　　本： 787mm×960mm　1/16
字　　数： 180 千字
印　　张： 9.5
版　　次： 2008 年 10 月第 1 版
印　　次： 2012 年 9 月第 2 次印刷
印　　数： 5 001-9 000 册
书　　号： ISBN 978-7-80598-899-3
定　　价： 15.00 元